파란운동화의 꿈

님께

오래지 않아 우리의 어두운
하늘에도 파란 별이 떠올라
빛날 것입니다.

허 성무드림

파란 운동화의 꿈

허성무 지음

여는 시

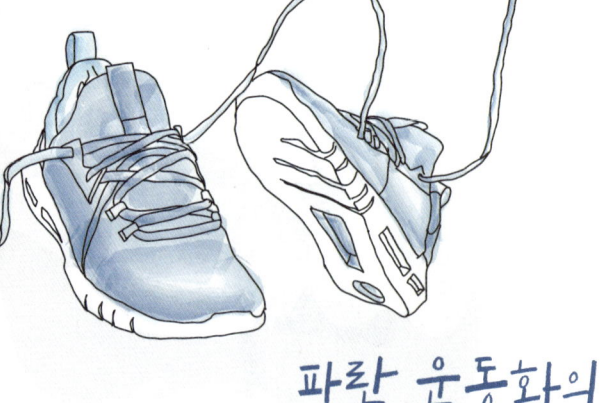

파란 운동화의 꿈

정일근 (시인, 경남대 석좌교수)

그는 파란 운동화를 신고 지구를 돌려
하늘의 별을 만드는 사람

어둔 골목을 지나 사람의 마을로
꽃 피는 봄을 선물하고

지붕 낮은 마을을 지나 세상을 찾아가
가을 열매 맺는 풍요를 나눠주는 사람

어디 사람 사는 곳에 꽃과 열매만 오는가
고난을 이기고 찾아오는 선물이 아름다운 법이니

여름의 무더위 겨울의 혹한이 밀려올 때
우리 모두 희망의 초인종 소리를 기다릴 때

그가 온다. 파란 운동화를 신은 그가
환하게 웃으며 오랜 친구 같은 그가 온다

그의 파란 운동화 발자국이 찍혀있는 곳마다
평화의 저녁이 찾아온다

오래지 않아 우리의 어두운 하늘에도
파란 별이 떠올라 빛날 것이니.

• 여는 글 •

허성무

겨울비가 추적추적 내리는 상남동 거리에 네온사인이 하나둘 들어오기 시작하더니 금세 밤의 생기가 환하게 도시를 밝힌다. 휘황한 중심상업지구 한가운데에서 홀로 비를 맞으며 어둠의 침묵을 지키고 선 고인돌이 신비롭다. 고대와 현대가 뒤섞인 풍경이 쏟아지는 빗속에서 그 기묘한 운치를 더한다. 상남은 내 처가의 본향이요 내 삶의 터전이 되어온 땅이다. 바로 그 상남을 한가운데에 품은 창원에서 나는 결혼하고 아이들을 키우고 사업을 일구고 정치에 입문하고 시장이 되어 시정을 돌보기도 했다. 그리고 이제 새로운 길을 가려 한다. 다시 전선에 서는 심정으로. 한때 청동기시대의 창원 일대를 호령했을 고인돌의 주인이 잠든 묘역을 지나며 가슴에 힘찬 각오를 새긴다.

비 내리는 상남동 거리를 지나온 것은 특별히 초대해준 재창원 호남향우회의 연말 송년회 자리에 가기 위해서였다. 고맙게도 내게 20분짜리 강연을 맡겼는데, 나는 그 호의에 보답하기 위해서라도 최대한 짧게 하려고 노력했고, 결국 내어주신 시간의 반만 쓰는 것으로 만족했다. 내가 했던 강연 아닌 강연의 내용은 대략 이런 것이었다.

"창원이라는 도시가 생긴 것은, 지금으로부터 50년 전인 1974년 창원공단이 만들어지고부터입니다. 처음 창원공단이 만들어졌을 때 그 열악함이란 이루 말할 수가 없었습니다. 도시가 채 만들어지기도 전에 공단이 먼저 들어섰습니다. 당연히 많은 인재가 필요했던 우리나라 최초의 계획도시에 서울에서, 인천에서, 수도권에서 사람들이 많이 내려왔습니다. 그분들이 수돗물도 제대로 나오지 않는 황량한 벌판에서 이 도시를 최초로 만들어냈던 분들입니다. 그리고 이어서 호남을 비롯한 다른 지역에서도 많은 젊은이가 창원으로 와서 정착했습니다. 한때 창원은 성산구와 의창구를 합해 인구가 52만을 넘기는 큰 도시였지만, 지금은 6만여 명이 줄어서 46만 정도 됩니다. 사람들이 몰려오던 도시에서 사람들이 빠져나가는 도시로 바뀐 것입니다."

물론 이야기는 이렇게 비관적인 것으로 끝내지는 않았다. 다가올 미래 50년 창원을 위해 우리는 무엇을 할 것인가? "가자! 세계 1등 산업도시 창원의 미래로." 창원을 키울 큰 구상에 대한 내 생각을 간략하게 말했다. 그 부분은 이 책의 <프롤로그; 다시 전선에 서다>에서 맛보기 정도나마 읽을 수 있으리라 믿는다.

이 책의 제일 앞부분에는 정일근 시인의 시가 독자들을 반길 것이다. 책 편집에 참여한 어느 분이 "맨 앞에 정일근 시인의 시만 읽어도 책값은 될 듯하다"라고 했다는데, 실로 옳은 말이다. 그저 황송하고 고맙다는 말밖에 달리 할 말이 없다. 시인의 감성이 '파란운동화의 꿈'을 이토록 멋지게 승화시켜놓았다. 영광이다.

이 책을 내기 위해 힘써주신 여러분들, 제2부 <내가 만난 허성무>에 귀한 글을 써주신 분들, 그리고 바쁜 시간을 쪼개어 이 책을 읽어주실 무수한 독자 여러분에게 무한한 감사의 인사를 드린다.

"허성무의 꿈이 이루어지는 곳에 시민의 행복과 웃음이 피어나기를 바라는 간절함으로 파란운동화 끈을 조여 신는다. 다시 꿈을 꾼다."

2023년 12월 14일
겨울비 내리는 밤 득중헌(得衆軒)에서

차례

여는 시 : 파란 운동화의 꿈   4

여는 글 : 허성무   7

프롤로그 : 다시 전선에 서다   14

1부
허성무의 특별기고

욕지도 결의   40

한 선배의 죽음   46

잔인함에 대한 기록   54

곡풍방월   58

여민동락   65

나무 한 그루로 이루는 숲   71

탐욕과 국익 사이   76

씻나락 까먹는 정부   80

소멸어업인의 눈물을 닦아주며   84

두 마리 토끼를 잡아라   88

정권이 바뀌면 법도 바뀌고 도리도 바뀌나	93
백중날 머슴 장가간다	101
홍범도 장군 흉상, 우리 손으로 진해에 세우자	105
지역 공공의대 설립해야 하는 이유	113
우리 소상공인보다 남의 나라 전쟁이 더 중해?	118
엑스포 유감	123
이태원의 그날, 그리고 1년	128
임금님 귀는 당나귀 귀	134
아이들과 함께하는 평화	140
파란운동화 끈을 조이며	146

2부
내가 만난 허성무

기억하고 응원합니다. 김경년 (창동아지매, 골목해설사)	154
성산구를 넘어 창원의 동력 만들기, 허스토리로! 김경영 (전 경남도의원)	158
허성무를 국회로 김도훈 (전 새천년민주당 창원을지구당 위원장, 전 한국마사회 부회장)	170
약속을 지키는 정치인 허성무 김영만 (열린사회희망연대 상임고문)	182
그의 페이스메이커가 되리 김응상 (전기공학박사, 재창원호남향우회)	188
'사람 사는 세상'의 꿈 김의곤	193
시민을 위해 더 잘 쓰이기를 윤은주 (수필가, 경남민예총마산지부장)	200
우리들의 든든한 빽 정혜란 (전 창원시 제2부시장)	205
믿을 수 있는 경력직을 뽑읍시다 천현우 (청년공 출신, 쇳밥일지 작가)	211
허성무를 말하다 허환구 (수필가, 전 창원시설공단 이사장)	216

───── 프롤로그 ─────

다시 전선에 서다

새는 알을 깨고 나온다. 알은 곧 세계이다.
태어나려고 하는 자는 하나의 세계를 파괴하지 않으면 안 된다.
그 새는 신의 세계를 향해 날아간다. 신의 이름은 아프락사스다.

- 헤르만 헤세, 「데미안」 中

왜 세상은 점진적이든 급진적이든 하나의 방향으로 발전의 길을 걷지 못하고 비틀거리거나 뒤처지거나 아니면 아예 뒤돌아서서 과거로 회귀하고자 용을 쓰는가? "민심은 언제나 옳다"라고 말해왔지만, 실상은 그와는 정반대의 경우를 보게 되는 불운에 심심찮게 맞닥뜨리는 것은 무엇 때문인가? 나선형이든 그 무엇이든 역사는 발전한다는 '진보'의 방향은 어쨌든 불가피하며 의심할 수 없는 것이란 신념에 가끔 짙은 회색 구름이 드리우는 원인은 무엇인가?

최근 우리나라에서 벌어지고 있는 일련의 사태들은 많은 생각을 하게 한다. 실로 어이없는 현실에 분노하기도 하고 절망하기도 한다. 그러다 전의를 불태우며 비뚤어진 역사의 경로를 바로잡고야 말겠노라는 다짐도 한다. 그렇게 해서 결국 다시금 깨닫는 것은, 선악은 분리돼 있지 않고 세상 속에 공존하고 있음을 인정해야만 한다는 사실이다. 중요한 것은 타인의 힘에 기대거나 시류에 휩쓸리지 않고 오롯이 나의 주관을 세우고 지켜나가는 것이다. 그러할 때 역지사지(易地思之)도 할 수 있고 타협도 가능하며 통합을 통한 큰 정치도 할 수 있다.

이 글을 쓰기 며칠 전 나는 '노무현재단 창원지회'로부터 강연을 부탁받았다. '노무현 대통령 비서관이 바라본 노무현'을 주제로 이야기를 풀어달라는 것이었는데, 처음엔 사양했으나 너무 그러는 것도 예의가 아닌 것 같아 그냥 하기로 했다. 노무현 대통령은 대학생 시절 민주화운동을 하다 구속된 나의 인권변호사였다. 그 인연으로부터 그는 내 평생의 멘토가 되었다. 무슨 말을 할까 고민하다 노무현 대통령을 처음 만나던 순간부터 그와 함께 활동했던 시간과 일화들, 고향 창원으로 돌아오게 된 이유와 다시 청와대 비서관으로 함께하게 된 이야기들을 생각나는 대로 풀어놓았다. 두서없는 얘기여서 재미가 있었는지는 모르겠다.

한 시간 가까운 강연이 거의 끝나갈 무렵 나도 모르게 뜨거워진 열정에 겨워 노무현에 대한 내 생각을 거침없이 털어놓기 시작했다.

"저 찍지 마세요."

1988년이던가요? 당시 인권변호사였던 노무현은 김영삼 전 대통령이 총재로 계시던 통일민주당 공천을 받아 부산에서 출마했습니다. 그때 나는 노무현 국회의원 후보 선대본부의 자원봉사단 팀장으로 초량1동부터 6동까지를 책임지고 있었습니다. 부산역과 침례병원이 내려다보이는 초량동은 산동네와 아랫동네로 크게 나누어볼 수 있었는데요. 산비탈에 집들이 다닥다닥 들어선 산동네는 빈촌이고, 부산역에서 가까운 펑퍼짐한 평지의 동네는 부촌이었습니다. 그 부촌 어느 골목에서였습니다. 지나가는 시민들에게 노무현 후보가 명함을 내밀며 말했습니다.

"안녕하십니까? 저는 이번에 국회의원 선거에 출마한 노무현이라고 합니다. 잘 부탁드립니다."

가던 길을 멈춘 시민들이 명함을 받아 들고는 노무현 후보를 보고 말했죠.

"우리 동네에는 이러저러한 게 필요하다. 그리고 또 이러저러한 것을 만들어 줘야 하는데, 어떻게 해줄 거냐? 무얼 해줄 수 있냐?"

봇물 터지듯 민원성 요구가 쏟아지자 정색을 한 노무현 후보가 팔을 내저으며 잘라 말했습니다.

"사모님들, 죄송하지만 제게 그런 거 부탁하시려거든 저 찍지 마세요. 그런 거는 구청에 가서서 말씀하시면 다 해줍니다. 저는 그런 일 하려고 국회의원 되려고 하는 게 아닙니다. 대한민국의 민주주의를 위해 큰 정치를 하려고 하는 거지요. 큰 정치를 하기 원하시면 찍어주시고 아니면 저를 찍지 마세요."

옆에서 이 광경을 지켜보던 제 심정이 어땠을 것 같습니까? 억장이 무너졌지만 아무 말도 할 수가 없었겠지요. 왜냐하면, 전부 다 옳은 말씀이었기 때문입니다. 그러나 선거에 출마한 그 어떤 후보가 이런 말을 대놓고 할 수가 있을까요? 사실은 지금의 저도 자신할 수가 없습니다.

또 하나의 에피소드는 그가 대통령이 되고 난 뒤의 일입니다. 제주에 해군기지를 만들겠다고 공표하자 전국의 시민단체들이 난리가 났습니다. 제주 해군기지 반대운동의 선봉에 선 것은 주로 노무현 대통령 만들기에 앞장섰던 지지자들이었습니다. 그러나 노무현 대통령은 끝까지 자기 생각을 굽히지 않았습니다. 그에겐 확고한 신념이 있었습니다. 그는 비록 자신의 지지 세력이 모두 반대 물결에 합세하더라도 신념을 바꿀 생각이 없었을 것입니다. 우리나라는 바다가 삼면을 둘러싼 반도국이지만, 북쪽이 막혀 있으니 사실상 섬나라와 같고 해양국에 가깝습니다. 역사적으로 보아 지정학적 조건, 국제정세의 변화에 따라 태평양과 동중국해에서 비상사태가 발생할 가능성이 큰 지역입니다. 부산 해군기지에서 출동한 함대가 제주 남쪽 바다에 도착하는 데는 아무리 빨라도 대여섯 시간은 걸릴 것입니다. 비상 상황에서는 1분 1초가 아깝습니다. 노무현 대통령은 국가의 미래와 안보를 위해 제주 남단에 반드시 해군기지가 필요하다고 생각했습니다. 말하자면 국가 대계 차원의 전략적 판단이었습니다. 그런데 이른바 한국의 우익이라고 자처하는 분들은 민주당이 안보와 경제를 가볍게 여긴다고 생각합니다. 하지만 둘 다 틀렸습니다. 사실은 안보와 경제를 가장 많이 생각하고 실천한 대통령은 바로 노무현이었습니다.

그래서 다음 에피소드는 경제 이야기를 해보겠습니다. 한미FTA를 하겠다고 하자 또 전국에서 반대운동이 급물살처럼 일어났는데 역시 대부분 노무현을 지지하는 분들이 많았습니다. 저는 이 부분에 대해선 아직도 그분들이 이해가 가지를 않습니다. FTA 안 하고, 그럼 무얼 먹고 살자는 것입니까? 북한처럼 고립되어 자력갱생 외치며 살까요? FTA란 것이 풀어 쓰면 Free Trade Agreement 즉, 자유무역협정이란 것입니다. 경제 대공황 이후 세계는 보호무역주의가 판을 쳤습니다. 2차 세계대전의 주요한 원인 중 하나가 바로 이 보호무역주의입니다. 전쟁이 끝나갈 즈음 세계는 고민하기 시작했습니다. 더 이상 전쟁하지 말고 함께 살아가는 방법을 찾아야 한다고 생각한 것입니다. 그 결과 나온 것이 바로 가트(GATT; General Agreement on Tariffs and Trade) 체제입니다. 관세 및 무역에 관한 일반협정이라고 하지요. 처음부터 국제기구로 출범하기엔 국가 간 이해관계가 너무 복잡하게 얽혀 있었기 때문에 수시로 라운드를 통해 자유무역 질서를 확대해오다가 마지막 여덟 번째 협정 우루과이라운드가 8년 만에 결실을 보면서 세계무역기구(WTO; World Trade Organization)가 출범하게 된 것입니다. 1995년 WTO 출범 이후 세계에서 드물게 FTA 미체결 국가로 남아있던 우리나라가 계속 그 상태를 고집하고 갔다면 어떻게 됐을까요? 세계적인 다자주의, FTA 확대 흐름 속에서 우리나라의 수출 전략은 상대적으로 불리해졌을 게 뻔합니다. 김대중 정부 때 시급히 외교부에 통상교섭본부를 설치하고 발 빠르게 대응했던 것은 지금도 매우 잘한 일이라고 생각하고 있고, 그 일을 민주당 정권이 해냈다는 데 자부심을 느낍니다. 도널드 트럼프 이후 미국의 리쇼어링 정책이라든가 인플레이션 감축법(IRA), 유럽연합(EU)의 탄소국경조정제도(CBAM)

등 다시 보호무역주의로 회귀하려는 조짐이 보이고 있긴 합니다만, 노무현 대통령이 재임하던 당시의 상황은 IMF를 갓 탈출한 시기로 FTA가 꼭 필요했던 것이고 그 판단은 지금도 옳았다고 생각합니다.

앞에 열거한 에피소드들에 대해 다른 입장을 가진 분들도 계시겠지만, 저는 어쨌든 노무현 대통령의 이러한 성품을 20대 대학생 시절부터 늘 존경해오던 터였습니다. 지금 저의 모습 중에 한점이라도 주관과 신념에 근거한 단호함이 있다면, 그것은 아마도 그분을 바라보며 길러온 제 자아일 것입니다.

노무현 대통령은 나의 데미안이었다. 언젠가 문득 거울 속에 비친 모습에서 그를 발견할 수 있다면 무한한 영광이겠지만, 그런 상급(賞給)이 내게 주어질 날이 있을까. 내가 처음 청와대에 출근하고 얼마 지나지 않아 그는 나에게 이렇게 말했다.

"법을 어겨가면서 행정을 하는 공무원은 없습니다. 하지만 법을 잘 지키더라도 억울한 국민은 생길 수 있습니다. 법을 뛰어넘어 그 억울함을 어떻게 풀어줄 것인가? 하는 일이 우리에게 주어진 몫입니다. 일할 때 그 점을 염두에 두고 늘 '혁신'하는 자세로 국민의 힘들고 어려운 짐을 잘 살펴주세요."

이것이 국민을 대하는 노무현 대통령의 자세였다. 그가 강조했던 '혁신'은 바로 '국민'의 억울함을 대변하기 위해선 꼭 필요한 것이었다. 내가 민원 제도를 담당하는 대통령 비서관을 지내면서 늘 가슴에 새겼던 것도 법의 담장 밖에서 고통받는 국민의 억울함을 해소하기 위한 혁신이었다. 모두가 안 된다고 했지만 결국 동해안 해수욕장의 철조망을 걷어내고 지역민들과 관광객들의 숙원을 해결할 수 있었던 힘도 거기에서 나왔다. 7번 국도를 따라 남북으로 길게 뻗은 푸른 동해와 황금빛 갈대밭 사이에 장벽처럼 늘어선 녹슨 철조망을 아스라한 추억으로 기억하고 있다는 이도 있지만, 지역민들에게도 그것은 추억이었을까.

창원시장으로 재임하면서 가장 가슴 아픈 일 중의 하나가 진해 웅동지구 소멸어업인의 민원이었다. 그들은 수시로 창원시청 정문에 몰려와 집회를 열었다. 이때 이들이 내게 퍼부은 욕을 모두 모아 시민들에게 나누어준다면 창원시의 평균수명이 크게 올라갈지도 모른다. 그들에게 책임질 수 없는 약속을 함부로 할 수 없었지만, 마음속으로는 해결책을 찾기 위해 무수히 고민하고 있었다. 청와대 비서관 시절의 경험이 주효했다. 소멸어업인도 법의 담장 밖에서 고통받는 국민이었다. "다소 위법한 점이 있더라도 불이익을 받는 다중의 편익과 공익을 위해 한 것이라면 정당행위로서 위법성을 조각할 수 있다"라는 법 원리를 빌려 '공유재산 및 물품관리법'의 원칙을 깨고 시민의 일원인 소멸어업인들의 고통을 들어주자고 한들 어떤 공무원이 이에 따르겠는가. 그들도 시민이며 가족을 책임지고 있는 처지를 놓고 보면 나약한 생활인에 불과한 것이다. 그렇게 2년 넘게 쌍욕을 들어가며 고심하던 차에 국민권익위원회라는 대안이 떠올랐다. 내가 청와대 비서관으로 근무한 경험이 있었기에 생각할 수 있었던 일이었다. 소멸어업인들은 처음엔 내 제안에 귀 기울이지 않았고 막무가내로 "시장이 해결해라" 하고 주장할 뿐이었다. 그러나 다른 대안이 없었던 그들은 결국 국민권익위원회의 문을 두드렸다. 그리고 결과는 모두가 아는 바와 같은 행복한 결말이었다. 전현희 전 국민권익위원장의 말처럼 국민권익위원회는 '공무원의 행정행위가 다소 위법하더라도 국민의 고통을 덜어주고 공익을 위해 필요하다면 징계, 감사 등으로부터 면책해주어야 한다'라는 법의 정신을 구현하기 위해 만든 이른바 '적극행정' 정부 기관이다. 이에 대해선 뒤에 따로 기술할 것이다. 인터넷 백과사전 나무위키에 따르면 대개 국민권익위원회란 명칭 때문에 민원처리 기관으로 오해하는 경우가 많지만, 국민권익위원회의 주요한 기능 중 하나는 대한민국의 부패방지정책을 총괄하는 것이다. 이 때문에 국민권익위원회는 매년 부패방지정책의 방향을 설정하고 헌법기관을 제외한 모든 국가기관, 지방자치단체 및 공직유관단체에 설정한 부패방지정책을 시달하고 그 추진 상황을 평가한다. 또한 국민권익위원회는 부패방지 및 국민권익위원회의 설치와 운영에 관한 법률에 따른 부패행위 신고, 공익신고자보호법에 따른 공익신고, 부정청탁 및 금품등 수수의 금지에 관한 법률 위반행위 신고 등을 접수하여 처리하는 역할을 하고 있다. 단순하게 생각할 국가기관이 아니란 것이다. 그런데도 현 창원시 집행부는 전직 시장을 겨냥해 마치 부당하게 특혜를 주어 시 재정에 손해를 끼쳤다는 식의 감사 결과 중간 결과를 발표해 세인들을 혼란스럽게 했다. 대체 누가 누구에게 특혜를 주었단 말인지 이해할 수 없는 감사다. 수세대에 걸쳐 생업의 터전으로 삼아온 바다를 잃은 어민들의 고충을 해결해준 것이 특혜란 말인가. 그렇다면 그 특혜를 받은 소멸어업인들에게 부당이득 환수라도 하겠다는 것인가. 시가 눈물 젖은 시민의 땅을 빼앗아 땅장사라도 해야 한다는 말인지 속 시원하게 진심을 말해 줬으면 하는 바람 간절하다.

창원시는 1974년 창원국가산업단지가 조성되면서 건설된 공단 배후도시다. 서울에 살며 직장에 다니다가 회사가 새로 조성된 창원공단으로 이주해 함께 내려오게 됐다는 성산구 중앙동에 사는 한 노인은 이렇게 말한다.

"우리가 처음 이곳에 왔을 때는 아무것도 없었어. 허허벌판이었다고. 뜨문뜨문 마을이 있었지. 나는 여기 중앙동 주택지가 생길 때부터 정착해 살았는데 벌써 50년이 다 돼가네. 우리가 처음 내려왔을 때는 물도 잘 안 나왔어요. 서울에서는 수도꼭지 틀면 물이 콸콸 나왔잖아? 여기 내려오니까 그런 게 어디 있어. 펌프질해서 물 마시고, 밥해 먹고, 세수하고 빨래하고 그랬지. 요즘 젊은 사람들은 상상도 못 할 거야. 공장에 출근할 때 저기 남천 있잖아. 거기 돌다리가 있어. 징검다리라고도 하지. 거기를 팔짝팔짝 뛰어서 건너가는 거야. 속도가 중요하다고. 속도가 멈추면 몸이 균형을 잃고 물에 빠지는 수가 있거든. 그렇게 직장을 다녔어요."

노인의 이마에 패인 깊은 주름 속에서 지나온 도시의 여정들이 하나둘 꿈틀거리며 되살아났다. 과거의 시간 속으로 돌아간 노인의 얼굴엔 생기가 돌았다. 그는 자신감이 넘쳤고 자부심이 온몸에 충만해 보였다. 마치 건국공신이라도 된 듯이 그의 목소리 톤이 올라갔다. 실제로 그런 그의 모습에선 영웅다운 풍모가 느껴졌다.

"여기 거대한 기계공업단지가 만들어졌잖아? 그런데 일할 사람이 어디 있어. 기계를, 그 정밀한 기계들을, 거대한 공작물을 만질 사람이 어디 있냐고. 숙련공이 있어야 할 거 아냐. 그 당시에 그런 사람들은 다 서울 아니면 수도권에 있었지. 인천이라든가. 거기서 사람들이 내려온 거야. 회사가 내려가니까 할 수 없이 짐 싸서 따라온 거지. 물론 시골이 싫어서 서울 살겠다고 안 내려온 사람도 있을 거고. 그런데 여기 내려오니까 허허벌판이야. 차도 안 다니고. 수돗물도 안 나오고. 고생했지. 그 사람들이 바로 이 도시를 만든 근로자 1세대들이야. 나도 그 1세대 중 하나지. 1974년부터 1980년대 초까지 창원공단에서 뼈를 박은 사람들, 그 사람들이 바로 창원공단의 근로자 1세대요. 그 사람들이 이 도시의 기반을 만들었지. 훈장을 줘야 해요. 훈장 줘야지. 암, 그래야 하고말고."

노인의 말을 들으며 나는 깊이 탄식했다. 아, 왜 이분들을 생각하지 못했을까. 내년이면 창원공단 설립 50주년이 된다. 반세기가 흘렀다. 노인의 증언처럼 50년 전 이곳엔 수돗물도 나오지 않는 벽촌이었지만 지금은 서울과 광역시를 제외하고는 가장 번성한 네 개의 특례시 중 하나다. 아내의 고향 마을과 초등학교가 있던 상남동은 낡은 초가와 슬레이트 지붕 대신에 불야성을 이루는 도심 상권과 거대한 아파트 단지들이 들어섰다. 그 아파트가 세워질 때부터 지금까지 이사 한번 가지 않고 계속 살고 있으니 나도 이제 토착민이 된 것인가. 아무튼 나는 노인의 말을 들으며 그동안 잘 알지 못했던 숨겨진 창원의 역사를 알게 된 기쁨과 대한민국 경제의 기관차 창원공단의 숨은 공신들에 대한 감동으로 가슴이 벅차올랐다. 하지만 노인의 말속에는 해묵은 분노와 슬픔이 담겨 있었다.

"그러면 뭐 해. 바로 옆에는 고층 아파트들이 휘황찬란한데 우리는 50년 동안이나 희생을 강요당하고 있어. 이게 말이 되냐고."

어디는 계획도시의 틀을 버린 지가 오래인데 또 어디는 50년이나 묵은 계획도시의 유령을 부여잡고 전통을 지키라는 강요가 과연 옳은 일일까. 21세기 세계 최고의 도시를 지향하는 글로벌 창원의 중심부가 오래되고 낡은 단독주택지역 문제로 골머리를 앓는 것은 현명한 일이 아니다. 그리고 그것은 단지 거기 사는 주민들만의 문제도 아니다. 도시계획의 구조적이고 근본적인 재설계는 동북아 중심도시를 넘어 세계적 미래 첨단도시로 나아가기 위해 꼭 필요하다. 그러한 관점에서 지구단위계획의 전면적이고 혁신적인 조정은 주민의 요구가 아니더라도 도시 발전을 위해 반드시 해야 할 일이라고 여겨진다. 과거에 얽매여 미래를 포기하는 어리석음을 범하지는 말아야 하지 않겠는가.

'노후계획도시 정비 및 지원에 관한 특별법'도 마찬가지다. 흔히 노후계획도시특별법이라 줄여 부르는 이 법은 원래 수도권 1기 신도시를 위한 법이었다. 하지만 1기 신도시 외에도 택지개발촉진법에 의해 조성된 많은 다른 도시들의 원성이 일자 형평성 문제를 고려해 노후계획도시특별법으로 바꿔 추진하게 된 것이다. 이 법안이 국토교통부에 의해 처음 세상에 알려지던 지난 2월부터 우리는 이를 예의 주시해왔다. 이 법에는 결정적인 한가지 문제가 있었다. 택지개발촉진법에 의해 조성된 20년 이상의 기간, 100만㎡ 이상의 면적 조건을 갖춘 택지에 대해서만 특별정비구역 지정을 입안할 수 있도록 하겠다는 것이었다. 택지개발촉진법에 의한 택지보다 더 오래된 산업입지 및 개발에 관한 법률에 의해

조성된 배후도시 창원은 빠진 것이다. 노후계획도시의 원조라면 당연히 창원일진대 창원을 빼고 노후계획도시특별법을 만들겠다니. 어불성설이었다. 경남에서는 유일하게 김해시의 장유, 북부, 내외동이 포함됐는데, 운 좋게도 이들은 1기 신도시처럼 택지개발촉진법에 의해 조성된 택지가 있었던 것이다. 국회의 시간이 다가오자 우리는 더 미루어서는 안 되겠다고 생각했다. 10월 말부터 자료와 정보를 모으고 도시공학, 건축 분야의 교수, 전문가와 함께 토론회를 열었다. 11월 초에 기자회견을 열어 이 문제를 공론화할 생각이었지만, 창원시 감사관의 전임 시장 시절 주요 사업에 대한 '감사 결과 중간결과 발표'라는 다소 생소하고 해괴한 긴 이름의 공격을 받으면서 이에 대응하느라 공론화가 늦어졌다. 그 와중에 11월 13일 홍익표 더불어민주당 원내대표의 "노후계획도시특별법 연내 추진" 발표와 14일 국무회의에서 윤석열 대통령이 "노후계획도시특별법 연내 국회 통과에 힘써달라"라는 주문이 있었다. 우리는 11월 15일 창원시청 프레스센터에서 긴급 기자회견을 열었다. 노후계획도시특별법을 연내 통과시켜야 하고 거기에 반드시 창원을 포함해야 한다는 것이었다. 작년 6월 27일 창원시장 퇴임 이후 처음 찾은 프레스센터라 그랬던지 방송사 카메라와 기자들로 프레스센터는 발 디딜 틈이 없었다. 다만 아쉬움이 있다면 기자들은 "정말 중요한 노후계획도시특별법과 창원시의 도시 미래"보다는 창원시 감사관의 감사 결과에 대해 어떻게 생각하는지에 더 많은 관심을 나타냈다는 것이다. 그러나 이보다 더 충격적인 사건이 있었다. 내가 기자회견을 마치고 기자들과 일일이 악수하며 인사를 나누고 있던 시간에 프레스센터 입구에서는 창원시 공보관실 직원이 급히 작성한 반박 보도자료를 돌리고 있었다는 것이다. 창원시의 보도자료에는 다음과 같은 내용이 담겨 있었다.

창원시는 노후계획도시특별법에 해당 안 되며, 현재 창원시가 입안 중인 지구단위계획 조정안 내용이 더 우월하다. 노후계획도시특별법은 (2종일반주거지역의 경우) 종 상향 특혜로 300%까지 용적률이 올라가지만, 창원시의 지구단위계획 조정안에는 몇 가지 조건을 충족할 시 66% 인센티브를 받아 316%까지 용적률 상향이 가능하다.

얼마나 급했으면 이런 반박 보도자료를, 그것도 기자회견이 채 끝나기도 전에 부랴부랴 작성해서 뿌렸을까. 그러다 보니 사실관계에 관한 오인이 많다. 가장 중요한 용적률의 경우에 노후계획도시특별법은 최대 500%까지 상향될 수 있도록 법안을 만들겠다는 것이었는데, 이에 대해서는 아무런 정보가 없었던 모양이다. 자괴감을 넘어 연민의 정마저 드는 대목이다. 한때 함께 일했던 시청 공무원들에게 미안한 마음마저 들었다. "내가 좀 더 열심히 할걸. 그랬다면 지금쯤 함께 머리 맞대고 대안을 찾고 있었을 텐데."하고 말이다. 물론 우리는 여기서 그치지 않았다. 기자회견에 이어 '노후계획도시 창원포함 청원 서명운동본부'를 만들고 내가 공동본부장이 됐다. 남양동 장날 발대식도 거창하게 했고, 회원들을 모아 서명운동도 본격적으로 전개했다. 우리는 서명지를 모아 국회에 청원할 생각이었다. 그러다 11월 29일 국토교통위원회 법안심사소위원회가 열릴 것이라는 소식을 듣고 그 전날 국회를 찾았다. 국회 소통관에서 김두관 민주당 경남도당위원장과 함께 기자회견을 열고 노후계획도시특별법에 창원을 포함해 줄 것을 촉구했다. 이어서 국토교통위원장실을 방문해 장시간 노후계획도시특별법에 창원을 포함해야 하는 당위성을 설명하고 촉구서한을 전달했다. 나의 이런 노력이 결실을 본 것인지 다음 날 법안심사소위를 거쳐 11월 30일 노후계획도시특별법은 국토위 전체회의를 통과했다. 이때 회의록에는 시행령을 입안할 때 창원 등 산업입지법에 의한 배후도시도 포함할 것이라는 내용이 담겼다. 그리고 2023년 12월 8일 국회 본회의를 통과했다. 그러나 아직 갈 길은 멀다. 시행령에 구체적으로 창원을 포함한다는 내용이 확정돼야 하는 문제가 남았고, 무엇보다 특별정비구역을 입안할 책임과 권한이 있는 창원시의 태도가 문제다. 시가 아무것도 하지 않는다면 노후계획도시특별법은 그야말로 있으나마나한 법이 될 것이기 때문이다.

이런 와중에도 창원국가산단 50년을 맞아 새로운 창원 50년 비전 수립을 위한 정책토론회를 기획한 것은 매우 의미심장한 일이었다. 12월 6일 민주당 경남도당 민주홀에서 열린 이 정책토론회에서 나는 주관단체 여민연구소의 상임고문 자격으로 설문을 통한 '시민의견조사' 결과를 발표했다. 이미 우리 모두 알고 있는 바였지만, 시민들은 창원이 안고 있는 가장 큰 문제로 '일자리'와 '주거환경'을 꼽았다. 주거환경 중에서는 주차장 문제가 가장 심각한 것으로 나타났다. 특히 성산구의 경우에 일자리에 이어 주차난 문제가 많이 제기된 것은 오래된 노후계획도시가 갖는 한계를 그대로 잘 보여준 것이 아닐까 생각한다. 산업단지 배후도시로 건설된 오래된 계획도시의 택지 문제 해결이 주요한 이슈라는 걸 시민들도 피부로 느끼고 있다는 것이다. '창원의 50년, 산업도시 창원의 미래 어디로 가는가?'란 주제로 발제한 양승훈 경남대 교수는 "인구 유출을 이끄는 것은 청년이다. 여성은 영구히 떠나고 남성은 잠정적으로 떠난다. 창원의 최대 위기는 역시 일자리 문제다"라고 했는데 공감하지 않을 수 없는 지적이다. 윤상환 창원대 교수는 '창원산업의 미래와 도시경쟁력' 주제의 발표에서 "창원산업이 지속적인 발전을 이루기 위해서는 고부가가치 산업으로의 전환이 필요하다. 또 중소기업 54.6%가 인력 부족난을 겪는다. 중소기업의 근무환경 개선을 통한 스마트 워크(Smart Work) 현장으로 ESG 경영 실천을 통한 근로 만족감 고취가 절실하다"라고 강조했는데, 역시 공감하지 않을 수 없는 의견이다. "스마트 창원공단으로 포맷해야 한다"라는 말씀이 아니겠나. 절대적으로 동감한다. 새로운 미래 창원 50년 설계를 위해선 김경수 전 경남지사와 함께 추진했던 스마트그린산단과 같은 새로운 시도가 필요하고 기업 유치를 위한 과감한 투자와 세제 지원 등 행정 지원정책이 절실하지만, 시계는 퇴행적으로 돌아가고 있으니 그것이 걱정이다.

　새로운 미래 50년 창원은 무엇을 해야 하는가? 창원은 제조업 도시로 탄생했다. 제조업이 도시의 근간이다. 산업구조재편을 통한 미래 신산업으로 나아가야 하지만 그와 동시에 제조업 분야의 혁신이 동반돼야 한다. 4차산업혁명시대에 조응한 ICT, IoT, AI와 결합한 6대 제조업 분야에서의 세계 패권을 달성하는 것, 이것이 목표가 돼야 한다. 창원의 6대 제조업이란 다름 아닌 기계, 방산, 조선기자재, 철도차량, 에너지산업(원전·수소), 가전 등이다. 이를 위해 나는 진즉부터 디지털밸리와 방산부품연구원 창원 유치를 주장해왔다. 2019년 일본이 수출규제를 통한

경제침략을 해왔을 때 창원의 공학박사들로 구성된 1,075인의 기술독립운동가 이야기를 들어본 바가 있을 것이다. 나의 저서 <잘피가 돌아왔다>에서 당시 상황을 이렇게 밝히고 있다.

국가출연연구기관의 박사급 연구원과 대학교수 그룹은 개성도 강하지만 지식인으로서의 자부심이 높아서 한자리에 모두 초청한다는 것은 거의 불가능에 가까운 일이었다. 우리나라가 개국한 이래 학술대회나 포럼이 아닌 자칫 보여주기식 행사로 비쳐질 수 있는 이런 행사에 공학박사급 연구원들이 1,075명이 참여하고 800명 이상이 한자리에 모인 것은 이때가 처음이었을 것이다.

당시 우리는 일본의 경제침략을 호기로 삼아 한국재료연구소를 연구원으로 승격시키는 기회로 삼았다. 내가 한국재료연구원 승격에 얼마나 공을 들였는지를 보여주기 위해 2015년 11월 창원시청 프레스센터에서 가졌던 기자회견 발표문을 다시 한번 소개한다.

"소재 분야를 주도하는 미국, 독일, 일본은 물론 중국마저 정부 차원의 집중적인 투자로 한국을 위협하고 있는 상황에서 세계 최고 수준의 연구 역량을 확보하는 것은 이제 선택이 아니라 필수입니다. 올해 746억 원의 예산과 비정규직을 포함해 400여 명의 인력으로 세계와 경쟁하기엔 힘에 부치는 것이 현실입니다. 각 지역과 연구기관별로 분산된 소재 기술 역량의 교류·협력도 중요하지만, 더 중요한 것은 체계적이고 집중적인 전문 연구기관을 만들어 유기, 무기

등 모든 분야의 소재 기술을 아우르는 독립적인 연구원으로 키워가야 합니다. 현재 추진 중인 부산 R&D 특구의 경남 확대 변경 지정과 더불어 재료연구소의 '원' 승격을 위해 아낌없이 노력하겠습니다. 이를 위해 창원시를 중심으로 하는 경상남도와 지역 국회의원님들께서 적극적으로 나서주시기를 바랍니다."

기해왜란에 맞선 창원의 공학박사 1,075인의 기술독립운동, 한국재료연구원 승격과 R&D 투자 확대에 힘써온 수많은 시간은, 그러나 윤석열 대통령의 말 한마디에 여지없이 무너졌다. 2023년 6월 28일, 청와대 영빈관에서 열린 국가재정전략회의에서 윤석열 대통령은 이렇게 말했다.

나눠먹기식, 갈라먹기식 R&D는 제로베이스(원점)에서 재검토할 필요가 있다. 국제협력은 세계적 수준의 공동 연구를 대폭 확대할 필요가 있다.

대통령의 이 한마디에 과학기술계는 큰 혼란에 빠졌다. "말 떨어지기 무섭다"란 말이 실감 나게 정부는 불과 두 달도 안 돼 R&D 사업 3.4조 원, R&D 총예산 5.2조 원을 삭감했다. 그 와중에도 대통령 관심 R&D 사업은 대폭 증액됐다고 하니 '심기예산조정'이란 조롱이 가히 틀린 말도 아니다. 이에 대해 과학기술계의 이야기를 들어보자.

2024년 R&D 예산은 각 정부 부처가 차차년도 정부 R&D 사업 투자 우선순위를 기획재정부와 과기정통부에 제출하는 지난해 10월 31일 시작해, 올해 3월 국과심에서 정부 R&D 투자방향과 기준을 정하고, 5월 각 부처가 기재부와 과기정통부에 예산요구서를 제출하면 각 세부사업 단위로 검토를 완료한 후 최종 예산 배분조정안을 국과심을 거쳐 6월 30일까지 기재부에 제출하기로 돼 있었다. 반년 넘게 정부 부처와 여러 분야의 전문가들이 수행한 작업을 대통령의 한마디로 두 달 만에 위법적, 일방적으로 졸속 삭감한 것이다. '누적적 비효율과 이권 카르텔'이란 정치적 수사의 실체는 찾지 못했고, R&D 예산은 사업과 과제별로 거의 일괄 삭감됐다.

과학기술계는 33년 만의 예산 삭감에 큰 혼란에 빠졌지만 정작 어디에서 무엇이 어떻게 빠졌는지 제대로 아는 국민은 하나도 없다. 또 이런 충격적 상황 속에서도 늘어난 예산은 무슨 이유로 어떤 과정을 거쳐 늘어나게 되었는지 아무도 알지 못한다. 모든 것이 미스터리였다. 왜? 무엇 때문에? 그러나 누구도 답을 해줄 수는 없었다. 느닷없는 말을 던진 대통령의 마음속에서만 그 답은 똬리를 틀고 있을 것이기 때문이다. 가장 충격을 받은 사람 중에는 나도 끼어있었다. 나는 국가 발전을 위해선 창원국가산업단지의 발전이 필수적이고, 창원국가산업단지의 발전을 위해선 R&D에 대한 지원이 보다 확대돼야 한다는 확고한 신념을 가지고 있었다. 창원에는 대표적 정부출연 연구기관인 한국전기연구원과 한국재료연구원이 있다. 나는 아직도 드레스덴의 기억을 잊지 못한다. 엘베강의 플로렌스라 불리는 드레스덴의 프라운호퍼 연구소를 둘러볼 때 느꼈던 감동을 어찌 잊을 수가 있겠는가. 그 감동 그대로 드레스덴 광장의 마르틴 루터가 내려다보고 있는 어느 호프집 야외 마당에서 함께 간 박사,

교수진 일행들과 잔을 마주치며 이른바 '드레스덴 결의'란 것도 했다. 그리고 그것은 결의에 그치지 않았다. 그날 이후의 이야기를 기록한 <잘피가 돌아왔다>의 한 구절이다.

　드레스덴 광장에서 호프를 마시며 호기롭게 결의했던 이야기들은 2년여가 지난 지금 하나하나 착착 진행되고 있다. 13.8km I-자형의 창원대로에는 기존의 전기연구원, 재료연구원, 경남테크노파크가 연구에 몰두하고 있고, 한국자동차연구원, 한국전자연구원, KOTTI 시험연구원(국가공인 종합시험검사기관), 한국건설생활환경연구원, 한국화학융합시험연구원, 한국산업기술시험원, 한국디자인진흥원, 중소조선연구원 등 8개의 전문연구기관과 시험인증기관이 속속 입주하고 있다. 이들 연구기관은 창원의 기업들을 위해 끊임없이 기술개발과 시험인증 지원을 하고 있다. 드레스덴의 프라운호퍼 연구소처럼 말이다.

　2021년 6월 16일, 한국자동차연구원(한자연)은 창원국가산업단지 2만7,000㎡ 부지에 연면적 2,953㎡, 지상 5층 규모의 '미래차전환종합지원센터' 착공식을 개최했다. 2022년 3월이 준공 목표다. 미래차센터에는 한자연 수소모빌리티연구본부(수소본부), 현대차 등 수소 관련 연구기관·기업 10개 사가 입주해 공동으로 기술 연구를 추진하게 될 것이다. 한자연 수소본부는 연료전지 시스템을 비롯한 수소 모빌리티 관련 핵심 기술, 부품 개발, 기술이전, 산·학·연 공동연구를 통해 친환경 미래차 산업 육성을 위해 2019년 12월 '동남본부'로 신설됐다가 이듬해 12월 '수소모빌리티연구본부'로 확대·개편됐다. 구영모 한자연 수소본부장의 힘찬 목소리에 밝은 미래가 보인다.

"미래차전환종합지원센터가 준공되면 한자연 수소본부를 중심으로 미래차 전환 및 탄소중립 달성의 핵심 에너지원인 수소를 활용한 핵심 기술 국산화 및 고도화를 통해 친환경 미래차 산업 전환이 가속화될 것입니다."

한국재료연구원과 전기연구원 노조로부터 연락이 왔다. 벼락같은 사태에 뭔가 대안이라도 찾아봐야 하지 않겠느냐는 것이었다. 집권당에서 대통령의 말 한마디에 저러고 있으니 민주당이라도 뭔가 대안을 찾아줄 수 없겠느냐는 SOS였다. 시장 재임 중에 한 일을 잘 알고 있는 그들로서는 내 도움이 절실했을 것이다. 마침 나도 이걸 어떻게 해야 하나 고심하고 있던 터라 잘 됐다고 생각했다. 우리 여민연구소장이 몇 차례 전국공공연구노조 과학기술본부장을 비롯한 노조 관계자들과 만나 협의했다. 그리고 9월 22일, 김두관 의원을 초청한 가운데 한국전기연구원에서 전기연구원과 재료연구원 노조와 함께 간담회를 열었다. 이 자리에 함께한 책임연구원들로부터 불만이 터진 봇물처럼 쏟아졌다.

"4차산업혁명 시대에 발맞춰 R&D 예산 확대 발표를 했던 정부였어요. 그런데 갑자기 대통령 말 한마디에 급선회해 '30% 예산 삭감이 목표라는 증언들이 쏟아져나오고 있습니다. 이런 언론보도를 접하며 자괴감에 연구 의욕이 안 떨어지는 게 이상하지 않습니까?"

"일반 대기업보다 연봉이 낮아도 내가 하고 싶은 연구를 마음껏 할 수 있다는 장점 하나로 버티며 연구에 매진해왔는데, 이제 그럴 이유가 없어졌습니다. 벌써 짐 싸서 떠나겠다는 후배들이 생겨나고 있습니다."

"'나눠먹기식 R&D 예산 원점 재검토' '연구카르텔', 이런 발언을 대통령이 했다는데, 지금 우리를 무얼로 보는 겁니까, 우리가 카르텔입니까? 현장에서 묵묵히 연구에만 몰두해온 연구자들을 싸잡아 범죄자로 몰고 있는 게 아니고 뭐겠습니까?"

"정부의 R&D다운 R&D가 무색하게 예산안과 R&D 제도혁신 방안은 혁신이라 인정할 만한 새로운 내용이 전혀 없어요. 아이 목욕시키고 목욕물과 함께 아이를 버리는 것과 다를 바 없는 엉터리 정책입니다."
"이전 정부에서 추진한 내용의 재탕에 불과한 것이 많고, 이명박·박근혜 정부를 연상시키는 과거 회귀 정책 일색입니다."

"연구 현장과 일절 소통 없이 정부 관료 주도로 급조해낸 전형적인 탑·다운 방식이 결국 실패로 돌아갈 가능성만 풍족한 정책일 뿐이죠. 부족한 세수를 R&D 예산 삭감으로 메우려는 속셈 아닐까요?"

뭐라 할 말이 없었다. 현직 시장도 아니니 무얼 해주겠다, 어떻게 하겠다고 딱히 내놓을 대안도 없었다. 그러나 마냥 손 놓고 앉아 있을 수만은 없는 노릇이었다. R&D 예산 삭감으로 가장 큰 타격을 받을 곳은 바로 창원이었다. 정부출연 연구기관들뿐 아니라 테크노파크, 전문생산기술연구소, 대학까지도 R&D 예산 삭감이 추진된다면, 연구·개발을 위해 지역 기업들과 협업하고 신제품을 개발하고 새로운 시장을 창출하고 가장 높은 부가가치를 만들어내는 R&D 예산의 선순환 구조가 무너지게 된다. 지역경제 활성화를 위한 모든 노력이 훼손되고 심각한 타격을 받게 될 것이다. 그래서 우리는 이날 간담회의 결론으로 "10월 중에 'R&D 예산 삭감 대응 정책토론회'를 창원에서 긴급하게 열자"고 합의했다. 그러나 상황은 좀 더 복잡하게 돌아가고 있었다. 민주당은 물론이고 여당 내에서도 새로운 기류가 감지되기 시작했다. 정치권의 향방을 면밀하게 지켜보아야 할 듯했다. 그런데 웬걸, 대통령이 국회에 나와 '2024년도 예산안 시정연설에서 "연구개발(R&D) 예산 삭감 그대로"를 천명했다. 실로 독불장군 대통령이었다. 꾸준히 반대운동을 전개해온 과학기술계로서는 망치로 뒤통수를 얻어맞은 기분이었을 것이다. 이에 우리는 전술을 바꾸기로 했다. 창원에서 여는 토론회를 뒤로 미루고 먼저 국회로 올라가 청원 운동을 전개하기로 했다. 국회 과학기술정보방송통신위원회 민주당 간사 조승래 의원실과 협의해서 국회 의원회관에서 R&D 예산 삭감 대응 정책토론회를 열었다. 11월 3일 1시 30분부터 3시까지 거의 한 시간 반 가까이 진행한 토론회에는 박찬대 최고위원과 과방위의 정필모 의원, 장경태 의원 등이 함께 참여해 힘을 실어주었다. 박찬대 최고위원은 이어서 열린 '조승래 의원, 김두관 의원, 전국공공연구노조, 허성무 전 창원특례시장' 공동 주최의 'R&D 예산 원상회복 촉구 대국회 기자회견'에도 함께했다. 감사드린다. 이날 국회 토론회부터 기자회견까지 장

시간 함께한 전국공공연구노조 이운복 수석부위원장, 이창재 과학기술본부장, 이경진 정책기획실장, 박찬훈 한국건설기술연구원 지부장, 이상근 한국전자통신연구원 지부장, 김종유 과학기술본부 조직국장, 차수섭 한국재료연구원 전 지부장, 그 외 동지들에게도 감사드린다. 전국공공연구노조 과학기술본부는 우리 여민연구소와 함께 11월 21일 민주당 경남도당 민주홀에서 '33년 만의 연구개발 예산 삭감, 대한민국의 미래는 어디로?'란 주제로 정책토론회를 개최했다. 이날은 좌장으로서 내가 토론회 사회를 보았다. 고맙게도 민주당 최고위원인 고민정 의원이 직접 발제를 맡아주었다. 감사드린다. 또 다른 발제자로 나와주신 이창재 전국공공연구노조 과학기술본부장과 열띤 토론자로 나와주신 조영식 한국전기연구원 책임연구원, 김창종 창원대 박사과정 대학원생에게도 감사의 말씀을 드린다. 그리고 지금껏 함께해온 민주주의를 사랑하는 모든 이들, 낙관적 희망으로 내일을 위해 싸우는 동지들, 그리고 시민 여러분께 감사드린다.

내가 다시 전선에 서야 할 이유는 명확해졌다. 별을 노래하는 마음으로 모든 죽어가는 것을—또는 모든 살아있는 것을 사랑하고자 했던 윤동주 시인의 「서시」 마지막 구절로 나의 세 번째 자전적 이야기를 시작하고자 한다.

"오늘도 바람에 별이 스치운다."

1부

허성무의
특별기고

욕지도 결의

딱 이맘때였다. 1년 전 그날도 오늘처럼 맑은 날씨였다. 파란 하늘을 가볍게 떠다니는 구름이 우리 일행을 태운 배를 배웅하며 손을 흔드는 것 같았다. 그 뒤를 이어 또 다른 한 무더기의 구름이 저 멀리서 재빠르게 스쳐 지나갔다. 그 모양을 우두커니 바라보던 나는 잠시 "저 구름처럼 자유롭다면 얼마나 좋을까."하는 생각을 했다.

나의 생각을 깨고 선박 후미에서 스크루가 일으킨 파도 알갱이가 날아와 차갑게 얼굴을 때렸다. 그제야 정신이 번쩍 든 나는 동행했던 우리 여민연구소 열 명의 동지들에게 건배를 제안했다. 실로 평온한 오후였다. 갓 정오를 넘긴 태양의 햇살이 살짝 젖은 얼굴 위로 쏟아졌다. 순간 말 할 수 없는 위로를 느꼈다. 그동안 나를 억누르던 패배의 아픔, 기대에 부응하지 못했다는 미안함, 미처 다 하지 못한 시정에 대한 부담감이 이 순간만은 잊혀졌다.

정말이지 이날만큼은 우리가 속한 이 낯선 공간의 자유를 만끽하며 행복을 느꼈다. 그렇게 우리는 푸른 하늘과 하얀 구름과 심연의 바다를 번갈아 바라보며 욕지도의 고요 속으로 빨려 들어가고 있었다.

그러다 문득 벌써 석 달이란 시간이 흘렀다는 데에 생각이 미쳤다. '세월은 유수다'란 말처럼 참으로 빠르기도 하다. 6·1 지방선거가 끝난 지도 벌써 3개월이 훌쩍 지나가고 있었다. 원래 8월에 하기로 했던 MT가 줄지어 선 태풍 탓에 늦어져 여름햇살 대신 시원한 가을바람이 우리를 반겨주었다.

2022년 6월 1일 자정이 되기 전에 창원시장 선거의 패배를 선언한 나는 오열하는 동지들을 위로하며 후일을 기약하자고 말했다. 그러나 그것이 진정한 내 속마음이라고 할 수는 없었다. 실로 인정하기 어려운 결과였다. 지나온 4년 세월이 주마등처럼 스쳤다. 새벽 5시에 일어나 밤늦게까지, 주말도 없이 일하지 않았던가. 한 언론사 기자는 나의 이런 행보에 대해 이렇게 썼었다.

"허성무 창원시장은 임기 동안 운동화를 신고 지구를 네 바퀴나 돌았다."

그래서 사람들은 나를 '운동화시장'이라는 닉네임으로 불렀고, 그 별명이 나는 싫지 않았다. 하지만 세차게 부는 바람 앞에서는 모든 게 부질없는 일처럼 보였다. 정말 폭풍처럼 거센 바람이 불었다. 예기치 않은 센 바람의 원인에 대해선 지금도 의문이지만, 분명한 것은 그 바람이 모든 걸 집어삼켰다는 것이다. 어이없는 선거 결과로 윤석열정부가 들어서고 새 정부의 대통령 취임식 후 20일 만에 치르는 선거에서 도대체 무엇을 할 수 있었을까. 더구나 이토록 보수 색채가 강한 경상도 땅에서. 지금 생각해도 힘겨운 싸움이었다.

가장 슬퍼한 사람은 정책개발 실무를 담당했던 승준이였던 것으로 기억한다. 어깨를 들썩이며 곧 무너질 듯이 울어대는 바람에 그를 달래는 내 손과 마음도 쓰러질 듯 아팠었다. 말없이 등을 토닥이며 위로하는 내가 애처롭게 보였던지 엉엉 더 큰 소리로 우는 바람에 그만 나도 무척 당황하고 말았었다. 그를 생각하면 미안한 마음에 아직도 가슴이 아프다. 재능이 있는 친구이니 어디서 무엇을 하든 잘하고 있으리라 믿는다.

며칠 후, 오동동 문화광장에서 열린 6월 항쟁 기념식은 예년에 없이 가라앉은 분위기 속에 진행됐다. 김영만 선생님의 카랑카랑한 목소리에도 분노와 좌절감이 느껴졌다. 그 바람에 기념식장 분위기는 어둡고 무거웠다. 격앙된 기념사엔 유권자들을 원망하는 마음이 절절하게 담겼다. 그들의 무지함에 대해 토로하기도 했다. 그런 선생님의 마음을 충분히 이해할 수 있었다. 그러나 나는 그럴 수가 없었다. 어찌 바람에 쓰러진 나무를 탓하겠는가. 농부는 바람이 불고 비 올 때를 대비해 미리 준비하는 법이다.

"유권자는 항상 옳다."

정치인이라면 이 명제를 항상 가슴에 새기며 살아야 한다고 생각해왔다. 늘 자신을 돌아보며 시민의 소리를 듣고 그들의 말에 귀 기울여야 한다. 그래야만 시대가 원하는 요구가 무엇인지 정확하게 알 수 있는 법이다. 그렇게 다짐하며 살아왔건만 정작 실천에 있어서는 바로 그 지점에 게으름을 피웠던 거다. 거기에 생각이 미치자 분노는 나 자신을 향해야 하고 반성의 주체는 우리 스스로라는 것을 다시금 깨닫는다. 바람이 불었으나 그 바람을 막아낼 방풍림을 만들지 못한 크나큰 실책을 범했다.

지금 내 사무실 벽에는 <득중(得衆)>이라 쓰인 액자가 걸려있다. 서예가 이병남 선생이 선물한 것인데, 그 어른이 내게 하고 싶은 말씀을 짐작할 수 있게 하는 글귀다. 득중이야말로 그 어떤 방풍림보다 훌륭한 계책이며 진지라는 생각이 든다. 나는 앞으로도 이 득중(得衆)을 여민(與民)이란 말과 함께 정치 인생의 지표로 삼으려 한다. 액자는 출근할 때마다 내 이런 각오를 다짐하는 회초리요 스승과 같은 길잡이가 되어주리라 믿는다.

욕지도에 도착한 우리는 짙은 어둠이 깃들 때까지 민박집 마당 테이블에 둘러앉아 주제 토론을 했다. 테이블 위에는 지난 석 달 아픔의 시간에 다져온 각오들이 차곡차곡 쌓여갔다. '미래를 위한 새로운 다짐과 전진', 그것이 그날의 주제였다. 그리고 우리는 하나의 결론에 도달했다.

"그래, 다시 전선에 서자."

장수의 가치는 전선에 섰을 때 빛나고 배는 바다를 항해해야 비로소 제 몫을 해내는 것이다. 어차피 인생은 승리와 패배, 기쁨과 좌절의 연속이 아닌가. 인간이 위대한 것은 삶의 어려움을 이겨내는 힘에 있지 않은가. 다시 한 번 전선에서 치열하고 처절하게 싸우자. 내 속의 결의가 다시 용솟음 쳤다. 귀뚜라미 소리가 밤의 정적을 깨고 어둠 속을 가득 메웠다. 새로운 시간이 다가오고 있었다.

한 선배의 죽음

　우리가 욕지도로 MT를 떠났던 그날까지 석 달 동안 많은 변화가 있었는데 그중에는 가슴 아픈 일도 있었다. 무엇보다 가장 슬픈 일은 존경하는 전수식선배의 죽음이었다. 불과 며칠 전에도 서로 통화하며 격려하고 내일을 기약했건만 한밤의 기습처럼 들려온 비보는 너무나 충격적이었다. 하늘이 무너지는 것만 같았다.

　전수식은 합천군 가회면 사람으로 진주중학교에 진학한 수재였다. 그는 인문계 진학을 포기하고 국립부산기계공고에 응시하게 되었는데, 당시 전교 내신 석차 5% 이내여야만 1차 서류전형에 응시할 자격이 주어졌다고 하니 명문 진주중학교에서도 최상위권에 속하는 수재 중의 수재였다고 할 수 있었다. 그 정도면 진주고등학교나 부산의 명문고로 가는 것이 정석이었을 테지만, 아마도 시골 출신으로 가정형편이 그리 넉넉하지 못했던 모양이다. 부산기계공고를 졸업하고 마산 양덕동에 있던 한일합섬에 취업해 사회생활을 시작한 전수식은 뜻하는 바가 있어 경남대학교 야간반에 진학했다고 한다. 그러다 3학년 때부터는 주간반으로 옮겼는데, 4학년 때 덜컥 행정고시에 합격했다.

국세청 사무관으로 공무원 생활을 시작한 그는 김혁규 경남지사의 비서실장으로 능력을 인정받으며 승승장구해 경상남도 경제통상국장, 행정국장 등을 역임하고 마산시 부시장을 끝으로 25년 공직생활을 마감했다. 그가 일찍 공무원사회를 떠난 이유는 시장에 출마하기 위해서였다고 하니 마음 속에 커다란 야망이 있었던 거다. 언젠가 그가 말하기를 '하나의 도시를 완전히 새롭게 설계해 재구조화하는 모델을 만들어보는 게 꿈'이라고 했다. 내가 보아도 그는 그 방면에 재능이 있었다.

하지만 정치판이란 게 어디 그리 녹록한 곳인가. 그는 정치 입문 초반부터 고전을 면치 못했다. 유능한 행정가에다 탁월한 이론가이기도 했고 굉장한 미래비전을 가진 천재였지만, 정치가 그런 걸로만 되는 세계가 아니란 것을 그는 알지 못했던 거다. 그는 제갈량이었을지언정 유비가 되지는 못했다. 뛰어난 재능을 가졌지만, 사람을 모으고 움직이는 데에는 그리 능숙한 프로는 아니었던 탓이다. 그는 나중에 이렇게 고백했다.

"세상이 재능과 의기만 가지고 되는 곳은 아니었다."

2010년 창원시장 선거에 실패하고 잠시 경남신용보증재단 이사장으로 근무하던 그는 2012년부터 2017년까지 6년 동안 택시 운전사로 일하는 기행을 펼치기도 했다. 주변 사람들은 "6개월을 넘기기 힘들 것이다"라고 했지만, 그는 꿋꿋하게 6년을 택시를 몰고 다녔다. 아마 정치인 중에 이 방면에선 타의 추종을 불허하는 기록일 것이다. 이 지점에서 우리는 그가 어떤 성격의 소유자인지를 어렴풋하게나마 알 수 있는데, 이에 대해선 그의 저서 《꿈꾸는 택시운전사》를 읽어보면 알 수 있을 것이다. 나는 그의 능력과 미련하리만치 우직한 추진력과 강직함을 사랑하고 존경했다. 그래서 나는 2018년 선거에서 민주당 공천 경쟁자로서 약간의 충돌이 있었음에도 그를 창원시정연구원장으로 영입해 함께 일했다.

2022년 6·1 지방선거가 끝나고 이틀인가 지났을 때였다. 전수식 원장에게서 전화가 왔다. 잠깐의 통상적인 대화 뒤에 그는 대뜸 창원시정연구원장직을 사임하겠다고 말했다. 깜짝 놀란 나는 "아직 임기가 2년 반이나 남았는데 그러지 마시라"고 만류했지만, 그는 듣지 않았다. 기어이 사표를 냈고 내가 퇴임하던 날 그도 함께 퇴임했다. 그는 한번 결정하면 절대 생각을 바꾸지 않는 사람이었기에 나로서도 어쩔 수가 없었다. 나중에 들은 얘기지만 퇴임식을 마친 그는 가깝게 지내던 고교 후배를 만나 해양신도시가 내려다보이는 카페에서 세 시간여 즐겁게 대화를 나누었다고 한다. 6월 27일이었다.

"형수님이 함께 오셨죠. 꽃다발을 한가득 품에 안고. 바다가 내려다보이는 10몇 층의 커피숍에서 두세 시간 넘게 웃고 떠들며 시간을 보냈습니다. 그러고는 셋이서 현동으로 넘어갔습니다. 거기 우리가 함께 자주 가던 중국집이 있습니다. 거기서 짜장면, 탕수육을 시켜 먹는데, 연태고량주를 큰 거 한 병 시키시더라고요. 제게 연신 부어주시면서 '오늘만 네가 좋아하는 술 많이 먹고 내일부터는 딱 끊고 열심히 허 시장 돕도록 해라'라고 하시면서 '나도 두어 달 쉬면서 건강을 챙긴 다음 네가 하는 일을 도와주겠다'라고 하셨거든요. 정말 간곡하게 부탁하셨습니다. 그리고 계속 술을 부어주셨죠. 아마 고생하라고, 그래서 격려하는 차원에서 그러신 거 같아요."

그로부터 4일 후에 전수식은 급성심정지로 쓰러졌고 7월 11일 새벽에 운명했다. 그와 '마지막 외식'을 함께했던 그 후배는 장례식장을 끝까지 지키며 선배의 마지막 가는 길을 함께 했다.

"허정도 전 경남도민일보 사장님이 가장 안타까워하셨죠. 아이고 아까워라, 아까워라, 하시면서 탄식하는 모습에 저도 가슴이 미어졌습니다. 어떻게 그렇게 급작스럽게 떠나리라고 누가 생각이나 했겠습니까."

아직 젊은 그의 재능이 안타까웠을 테다. 하지만 내 마음은 더 쓰리고 아팠다. 나중에 그의 후배가 전해준 말은 이러했다. 그 소리를 듣는 내 심정이 어땠을까. 지금도 생각해도 그저 야속한 마음뿐이다.

"허 시장은 쓰러질 사람이 아니다. 아직 젊고 하니 다시 시작하면 된다. 아마 내달 말쯤이면 사무실도 내고 움직일 게 분명하다. 나도 잠시 쉬었다가 돌아오면 그가 다시 재기하도록 도울 것이다. 너는 앞에서 돕고 나는 뒤에서 돕고, 그러면 금방 지난 일은 잊고 더 넓은 세계로 나가는 전화위복이 될 거다. 이제 나는 남은 생을 허 시장의 성공에 걸고 싶다."

이재명 대표가 단식농성하고 있는 여의도 국회로 가는 길 한강 변에 우뚝 솟은 63빌딩을 바라보며 잠시 전수식 선배 생각에 잠겼다. 2021년 6월 나는 저곳에서 '섬을 팝니다!'란 주제로 이벤트를 열고 있었다. 네 차례에 걸친 민간사업자 공모가 모두 실패로 돌아간 마산해양신도시 사업을 성공시키기 위해 시장이 직접 나서기로 한 것이다. 그 아이디어를 내어준 사람은 전수식이었다. 그는 내게 말했다.

"시장님. 정공법으로 치고 나갑시다. 손님 찾아오길 기다릴 게 아니라 대한민국의 심장 서울에 가서 손님들을 부릅시다. 민주당의 이름에 걸맞게 공개적인 방식으로 이벤트를 만듭시다. 그러면 의외로 좋은 대안이 나올지도 모릅니다."

이벤트는 대성공이었다. 서른다섯 개가 넘는 우리나라 굴지의 대기업들이 찾아와 관심을 보였다. 원래 이 인공섬은 태어나서는 안 되는 땅이었다. 이른바 해피아라 불리는 세력과 한국의 토건 세력이 합작해낸 가포신항은 멀쩡한 해수욕장을 발아래 묻어 만든 것이다. 컨

테이너선이 들어오기 위해선 적당한 깊이의 항로가 필요했다. 이때 발생한 엄청난 양의 준설토 처리는 상당한 골칫거리였을 것이다. 누군가 기발한 아이디어를 냈다.

"가포신항 옆에 준설토를 부어 섬을 하나 만듭시다."

마산해양신도시는 그렇게 탄생했다. 나는 이 인공섬을 절망의 땅이라고 불렀다. 이미 만들어진 섬은 어찌할 도리가 없다. 그렇다면 어떻게 해야 하는가? 절망의 땅을 희망의 땅으로 바꾸면 되는 일이다. 그래서 나는 이곳에 국립현대미술관 유치를 비롯해 미래를 위한 새로운 설계도를 만들어야 한다고 생각했다. 잃어버린 시민의 쉼터 가포해수욕장을 능가하는 더 나은 공간을 시민에게 돌려주는 것은 설계도의 중요한 한 축이었다. 나는 저서《잘피가 돌아왔다》에서 이렇게 말한 바가 있다.

국립현대미술관의 마산해양신도시 유치가 현실화하고 있다. 명분과 실력, 준비 모든 면에서 우리가 앞서 있다. 국립현대미술관과 함께 2만 명 정도를 수용할 수 있는 아레나가 들어서면 K-팝, e-스포츠의 성지로서 창원은 명실상부하게 문화예술과 콘텐츠 중심 도시로서 성장모멘텀을 얻을 수 있다. AI, 메타버스, K-팝, 웹툰, 게임 관련 업체들의 관심이 집중되기 시작할 것이다. 스마트혁신센터가 들어서고 경제유발효과가 드러나기 시작할 무렵엔 마산해양신도시는 절망으로부터 희망을 캐내는 꿈의 섬으로 변모해 있을 것이다.

그러나 한순간에 꿈꾸던 모든 것이 무너졌다. 3·9 대선과 6·1지방선거 결과가 모든 것을 집어삼켰다. 그로부터 흰 도화지처럼 깨끗하게 비어있는 도심 속 최고의 매력적인 섬 마산해양신도시에 창원시민의 희망이 부활하기를 희망하던 내 꿈은 표류하기 시작했다. 내게 큰 영감을 주었던 전수식 선배도 이제 떠나고 없다. 그와 함께 디자인했던 이벤트의 현장 63빌딩을 지나며 가슴 속에서 뜨거운 슬픔과 그리움이 치밀어온다. 훌륭한 선배요 동료이자 동지였던 고인의 명복을 빈다.

▲ 맨 앞에 고 전수식. 창원시장후보 사퇴 후 창원기계공고 체육대회장에서 허성무 후보 지원

잔인함에 대한 기록

오늘 이재명 대표가 병원에 실려 갔다. 단식을 중단할 의사가 없다는 것을 분명히 했음에도 강제로 병원에 실려 가는 모습을 매스컴으로 지켜보며 탄식하지 않을 수 없었다. 마음속으로 한없는 울음을 삼켰다. 의식이 혼미한 채로 들것에 몸져누운 그의 모습을 보며 연민이 없는 것은 아니었지만 그보다는 화가 났다는 표현이 옳겠다. 분하고 원통한 마음을 어찌 말이나 글로 다할 수 있겠는가.

눈을 꼭 감은 채로 입을 다문 그의 표정은, 의식이 있는지 없는지는 알 길이 없지만 전사다운 결의가 느껴졌다. 우리는 알고 있다. 그가 얼마나 강단 있는 성격의 소유자인가 하는 것을. 그를 궁지로 몰아녛었던 한때 젊은 시절의 독설들도 결국은 바로 그 성격 때문이며, 그의 독설이 사실은 주변에 대한 뜨거운 열정과 사랑으로 인해 내뱉은 말이라는 것을. 그래서 그 열정을 사랑하고 보듬고 싶은 심정이지만, 반대파들에겐 여지없는 먹잇감이 되었다.

나와 열띤 TV-토론으로 세인의 관심을 끌기도 했던 이준석은 국민의힘 대표이던 2021년경 "이재명은 오징어게임의 1번 참가자"라며 비난한 적이 있었다. 그리고 이번에는

"육체적 정신적으로 판단력만 흐려질 뿐이며 생뚱맞은 투쟁방식이다. 오히려 검찰수사에 자신이 있다면 기소하라고 치고 나가는 게 답이다."

라며 조롱에 가까운 비판을 했다.
과거보다는 조금 세련되게 성숙한 모습이 보이니 반갑긴 했다. 그러나 나는 이준석 대표의 진단이 번지수를 잘못 잡았다고 생각한다. 누가 몰라서 생뚱맞고 '스스로 고립을 자초하는 이상한 투쟁방식'을 고집하겠는가.

지금 대통령과 여당 대표, 법무부 장관을 비롯한 인사들의 언사를 잘 살펴보자. 과연 이것이 사람이 할 수 있는 행동인가? 사람의 모습을 했으되 짐승의 마음이 아니고서야 감히 입에 올릴 수도 없는 말들은 그들은 아무런 가책이나 망설임도 없이 쉽게 내뱉는다.
《부마항쟁 증언록》을 살펴보면 10·26 박정희 대통령 시해 사건

다음 날 감옥에서, 독재에 저항하다 투옥된 양심수에게 간수가 시원하냐고 물었다는 증언이 나온다. 그 말을 들은 양심수는 사람이 죽었는데 그런 질문을 하느냐며 기막혀 했다. 그런가 하면 또 다른 한 여성은 고문에 만신창이가 된 몸으로도 "불쌍한 영혼을 거두어주소서" 하고 기도했다.

비록 독재자와 그에 저항하는 국민으로 첨예한 대립의 관계에 놓였지만 사람의 죽음 앞에서는 안타까움을 가지고 명복을 빌어주는 것이 인간의 도리요, 기본적인 예의이다.

아무리 썩은 정치판이라고는 하지만 과거에는 그래도 나름 정치 도의란 게 있었다. 서로 죽일 듯이 싸우다가도 야당 대표가 단식투쟁을 하면, 지쳐 쓰러지기 전에 대통령이 비서실장이나 정무특보를 보내 은근히 위로하며 단식을 거둘 것을 권하는 것이다. 물론 여당 대표가 찾아가서 만류하는 것도 당연한 일이었다. 이 과정에서 슬며시 협상이 벌어지고 타협안이 제시되면서 균형을 찾고 갈등이 봉합되고 했다. 지금까지는 그래왔다. 엄혹한 유신정권이나 5공 정권 치하에서도 이것은 일종의 불문율과도 같았다.

그런데 세상이 변했다. 야당 대표의 목숨을 건 단식 앞에서도 대통령실은 꿈쩍도 하지 않는다. 오히려 조롱 소리만 들려온다. 그중에서도 법무부 장관이란 사람의 요령 소리가 제일 요란하다. 그런데 이분은 왜 자꾸 불필요한 '말'을 하는지 도무지 이해가 어렵다. 장관이란 자리는 '말'을 하는 자리가 아니라 조용히 맡겨진 '일'을 하는 자리가 아니던가. 언제부터 이 자리가 요란하게 요령을 흔드는 자리가 되었던가. 참으로 세상이 말세이다.

당 대표는 급히 수액을 맞고 의식이 돌아왔다고 하지만 여전히 단식을 중단할 생각이 없다. 강경한 고집은 그의 성정으로 보아 능히 짐작할 수 있는 일이었다. 당 대표의 건강이 걱정이다. 그러나 더 걱정인 것은, 무너진 이 나라의 상식과 도리이다. 대한민국에 살아오면서 많은 정권을 보았지만, 이런 무도하고 잔인한 인면수심의 정권은 처음 본다.

잠들지 못하는 밤, 어둠 속에서 문득 단풍잎처럼 붉게 물들어가는 이 가을에 우리들이 살아가는 이 시대의 야만과 무자비함에 대해 기록해두지 않으면 안 되리라는 생각을 한다. 엄혹한 정치 실종의 시대가 지난 뒤 후일이라도 우리가 믿고 있는 이 지극히 기본적인 상식, 삭풍이 대지를 삼키고 살아있는 모든 것들이 땅속 깊이 스며들어 숨을 죽일지라도 꽃은 다시 피고야 만다는 사실이 증명되기를 바라고 또 바란다.

곡풍
방월

"김삿갓이 죽었다."

일필휘지에 드높은 해학과 풍자를 실어 민중의 응어리진 마음을 풀어주던 당대의 슈퍼스타 김삿갓이 보이지 않자 그가 죽었다는 소문이 퍼지기 시작했다. 사람들은 궁금증을 참을 수 없었다.

김삿갓은 정말 죽은 것일까? 궁금함을 이길 수 없었던 사람들은 한 가지 묘책을 찾아냈다. 마을 어귀에 푯말을 세우고 시제를 적어 놓았다. 만약 김삿갓이 죽지 않고 살아있다면 틀림없이 참새가 방앗간을 그냥 지나치지 못하듯 시를 써놓을 것이라는 생각에서였다. 시제는 굽은 바람과 네모난 달이란 뜻의 '곡풍방월(曲風方月)'이었다.

사람들의 기대와는 달리 몇 날 몇 달이 지나도 누구 하나 글을 남기지 않았다. 모두가 상심해있던 어느 날 푯말에 그렇게 고대하던 시 한 수가 떡하니 걸려있었다. 그 시의 내용은 이러했다.

淸風山隅曲(청풍산우곡)
明月照窓方(명월조창방)

맑은 바람이야 산모퉁이를 만나면 굽어서 불고
밝은 달이야 창을 통해 비치면 네모나지

백성들은 이 기상천외한 시를 읽으며 김삿갓이 살아있음을 알고 기뻐했다. 애초 존재할 수 없는 것을 써놓았지만 그는 생각만 바꾸면 불가능할 것이 없다는 것을 시로써 증명해 보인 것이다. 그의 거침없는 생각과 행동은 기행에 가까워 보였지만 사람들의 큰 관심과 사랑을 받았다. 그렇다면 방랑시인 김삿갓은 어떻게 양반사회를 넘어 민중들까지 열광하는 슈퍼스타가 될 수 있었을까? 그 해답을 찾기 위해 그의 시 한 편을 읽어보자.

以士人之女(이사대지녀)
臥於租 父之間(와어조 부지간)
付之於租乎(부지어조호)
付之於父乎(부지어부호)

> 사대부의 여인네를
> 우리 할아버지와 아버지 사이에 눕혔으니
> 할아버지께 붙일까?
> 아버지께 붙일까?

 전후 사정을 모르고 글 내용만 본다면 금세 낯이 뜨거워지며 그 문란함에 화를 낼 일이다. 그러나 묘쟁(墓爭)이란 제목이 붙은 이 시가 만들어지게 된 배경을 알게 된다면 김삿갓의 놀라운 기지에 무릎을 치지 않을 수 없을 것이다. 사정은 이러했다.

 한 양반이 젊은 딸을 잃고 무덤 자리를 찾던 중에 명당을 발견했다. 그런데 이 자리에는 이미 백성 아무개의 할아버지와 아버지의 묘가 터를 잡고 있었다. 고심하던 양반은 두 무덤 사이에 자기 딸의 무덤을 만들었다.
 이를 알게 된 무덤의 자손은 억울하기 짝이 없었지만 상대가 양반인지라 어디에도 하소연할 수가 없었다. 이때 마침 방랑길을 떠돌던 김삿갓이 그의 집에서 한 끼 식사를 얻어먹게 되었다. 억울한 사연을 들은 김삿갓은 양반의 행태가 괘씸하기도 하고 또 고마움도 갚을 겸 시를 한 수 적어주기로 했다. 그 시가 바로 묘쟁이다. 묘쟁이란 제목을 보지 않았다면 사람들은 양반의 딸이 부자지간인 외간 남자를 오가며 문란한 생활을 했으리라고 지레짐작할 게 뻔하다. 시를 보고는 얼굴이 벌겋게 달아오른 양반은 하인들을 불러 부랴부랴 무덤을 옮겼다고 한다. 파격적인 시 몇 구절로 억울한 백성의 한을 풀어준 것이다.

그의 기행에 관한 이야기는 꽤나 많다. 하루는 양반네들이 모여 시제로 토론하고 있는 것을 본 김삿갓이 "나도 시 한 수 지어보겠소" 하고 나섰다. 꾀죄죄하고 냄새나는 몰골에 망신을 주기로 작정한 양반들은 시제로 '요강'을 던져주었는데, 김삿갓은 한 치의 망설임도 없이 단숨에 시 한 수를 휘갈겼다.

賴渠深夜不煩扉(뢰거심야불번비)
令作團隣臥處圍(령작단린와처위)
醉客持來端膝跪(취객지래단슬궤)
態娥挾坐惜衣收(태아협좌석의수)
堅剛做體銅山局(견강주체동산국)
灑落傳聲練瀑飛(쇄락전성련폭비)
最是功多風雨曉(최시공다풍우효)
偸閑養性使人肥(투한양성사인비)

네가 있어 밤중에도 번거롭게 사립문을 여닫지 않고
사람과 이웃하여 잠자리의 벗이 되었구나
술 취한 사내도 네 앞에서는 단정히 무릎 꿇고
아름다운 여인은 널 끼고 앉아 살며시 옷자락을 걷네
단단한 네 몸뚱이는 마치 구리산 같고
시원하게 떨어지는 물소리는 비단폭포를 연상케 하네

비바람 치는 새벽에 가장 공로가 많으니
은밀히 좋은 성품 길러 사람을 살찌게 하는구나

    조선시대 양반들이 주로 쓰던 시제는 梅蘭菊竹(매난국죽) 같은 자연물이나 충의, 절개 등 서민의 실제적인 삶과는 동떨어진 관념적인 것들이었다. 그러나 그는 특정한 소재에 구애받지 않았다. 오히려 민중의 애환이 깃든 소재에 더 천착하여 창작의 소재로 삼았다. 그런 그가 흔하디 흔한 요강(溺缸)을 재해석해 새로운 의미를 부여했다. 아마도 김삿갓은 양반들의 공허한 말놀음보다 실제적인 서민들의 삶을 더 귀하게 여기는 마음을 이 시를 통해 표현한 것이 아니었을까. 이 이야기야말로 그의 생각을 잘 보여준 예가 아니었을까.

    당대 최고의 세도가였던 안동 김씨 일족인 김삿갓이 체통을 중시하던 조선시대의 양반들과 달리 형식에 구애받지 않고 현대판 아이돌과 같은 슈퍼스타가 될 수 있었던 데에는 어떤 이유가 있었을까? 그의 뛰어난 재능과 세상을 바라보는 안목, 정의로운 통찰력이 합쳐져 당대의 민중들이 열광하는 새로운 지식인의 상이 만들어진 것은 아니었을까. 그는 스스로 양반의 권위에 머물지 않고 부정적 행태를 보이는 기득권층을 향해 매서운 비판을 가했다.
    다음의 시는 양반을 바라보는 그의 시각이 민낯 그대로 드러난다.

稟性忠於主饋人(품성충어주궤인)
呼來斥去任其身(호래척거임기신)

跳前搖尾偏蒙愛(도전요미편몽애)

退後重頭却被嗔(퇴후중두각피진)

職察奸偸司守固(직찰간투사수고)

名傳義塚頌聲頻(명전의총송성빈)

褒勳自古施惟蓋(포훈자고시유개)

反愧無力尸位臣(반괴무력시위신)

타고난 성품 충성스러워 밥 주는 이 잘 섬기고

부르면 오고 물리치면 가고 시키는 대로 하네

꼬리를 흔들며 앞으로 오니 귀여움 독차지하고

나무라면 물러나 고개를 떨구고 꾸지람을 달게 받네

하는 일은 간사한 도둑 살펴 집 잘 지키고

때로는 주인 없는 무덤 알려 칭찬도 받네

예로부터 그 공을 기려 영혼을 사당에 모시는데

능력 없이 자리만 차지한 신하가 도리어 부끄럽네

이 시가 얘기하고자 하는 바는 결국 맨 마지막 구절에 있다. 양반입네 하는 인간들이 실상은 개보다 못하다는 것이다. 얼마나 통쾌한 해학인가. 이러니 핍박받던 조선의 민중들이 김삿갓에게 열광하지 않는 게 오히려 이상한 일이다. 산을 앞세워 바람을 구부리고 창을 통해 둥근 달도 네모나게 볼 줄 알았던 천재 방랑시인 김삿갓. 깊어 가는 가을 밤, EBS지식 채널을 통해 그의 일대기를 들으며 잠시 깊은 생각에 잠긴다.

김삿갓은 오늘 이 땅의 정치인으로 살고자하는 나에게 '너는 무엇을 할 것인가?' 하고 묻는다. 능력 없이 자리만 차지하고 도처(到處)에서 부끄럼도 모르고 온갖 패악질을 해대고 있는 썩은 현대판 양반들이 득실대는 세상 속에서.

여민 동락

　이황 선생의 가장 널리 알려진 호는 퇴계이다. 그러나 생전에 그가 가장 좋아했던 이름은 청량산인(清凉山人)이란 호였다고 한다. 청량산은 봉화군 명호면 북곡리, 재산면, 안동시 도산면, 예안면에 걸쳐있는 명산이다. 첫 돌도 되기 전에 아버지를 여읜 퇴계는 어릴 적부터 숙부에게 글을 배우기 위해 지금의 도산서원이 있는 마을에서 청량산에 이르는 길을 수도 없이 걸었다고 전해진다. 후일 이 길을 그의 학문적 업적을 숭상하는 후학들이 찾아와 스승을 생각하며 또한 걸었다. 청량산 입구 큰 돌에는 <청량산가(清凉山歌)>가 새겨져 있다. 퇴계 이황이 그의 집과 청량산 오산당을 오가며 지은 시조라고 한다.

> 청량산 육육봉(六六峯)을 아는 이 나와 백구(白鷗)
> 백구야 훤사(喧辭)하랴, 못 믿을 손 도화(桃花)로다.
> 도화야 떠나지 마라, 어주자(漁舟子) 알까 하노라.

얼마나 고향을 사랑했으면 자신의 호를 청량산인이라 지었을까. 퇴계(退溪)란 호에도 언젠가 벼슬을 버리고 서울을 떠나 청량산이 있는 고향으로 돌아가 은거하고 싶은 심정을 담은 것이리라.

그런 퇴계가 벼슬을 사양하고 고향에 돌아와 제자들을 양성한다는 소문이 널리 퍼졌다. 일찍이 영의정 벼슬을 지낸 쌍취헌 권철이 이를 듣고 퇴계를 만나기 위해 도산서원으로 향했다. 권철은 스스로 영상의 자리에 올랐던 사람일 뿐만 아니라 후일 이순신 장군과 함께 임진왜란의 일등 공신이 되는 권율의 부친이며, 명재상 이항복의 장인이기도 했다. 아무리 상대가 명망 높은 대학자라고 해도 일개 서당의 훈장을 몸소 찾아간다는 것은 그때 관습으로 보아 결코 쉬운 일이 아니었다. 게다가 서울에서 도산서원이 있는 예안(오늘날 예천과 안동이 합쳐진 지명)까지는 오백오십 리나 되는 먼 길이다.

권철이 도산 서당에 온다는 소식에 퇴계는 동구 밖까지 나아가 최대한 예의를 갖추어 영접했다. 주인의 사후 후학들에 의해 서원에 모셔지고 제사를 받아야 서원이 되는 것이기에 생전에는 도산서당이었고 퇴계는 그 서당의 훈장 신분이었다. 따라서 시골 서당 훈장인 퇴계로서는 최고의 예우로 전 영의정 대감을 맞이하는 것을 당연한 도리로 생각했을 법하다. 권철 또한 성학십도(聖學十圖)로 어린 선조 임금을 교육했던 대학자를 만나는 심정이 남달랐을 것이다. 두 사람은 날이 새는 줄을 모르고 토론에 토론을 거듭하며 회포를 나누었다.

그러나 이런 정신적 교류에도 불구하고 권철은 현실적인 고민에 부닥쳤다. 서울에서 산해진미만 먹던 그에게 시골 밥상이 입에 맞을 리 없었다. 깡보리밥에 반찬은 콩나물국, 가지 이파리, 산나물무침 등 거친 음식뿐이었다. 그나마 귀한 손님을 대접하기 위해 어렵사리 구해온 북어를 무쳐 상에 올렸다. 퇴계는 평소 제자들과 똑같은 검소한 식단으로 식사를 해왔지만 권철에게만큼은 특별대우를 해서 아쉬운 대로 북어무침을 고기붙이 대신 밥상에 올리도록 했던 터였다. 하지만 권철의 입맛을 돋우기에는 역부족이었다.

권철은 다음 날 아침에도 저녁에 올라왔던 밥상과 같은 식단의 밥상을 받게 되자 몇 술 뜨는 척하다가 물려버리고 말았다. 주인이 퇴계가 아니라면 역정이라도 내겠지만, 상대가 워낙 존경해마지않는 대학자인지라 감히 어쩌지도 못했다. 며칠 편하게 유숙하며 동방의 주자(朱子)로 불리는 대학자와 즐기는 토론이 불편한 음식으로 인해 그만 사달이 났다고 생각하니 슬프기도 하고 미안하기도 했다. 그리하여 권철은 작별에 앞서 퇴계에게 이렇게 말했다.

"이렇게 만났는데 다시 떠나게 되니 매우 아쉽소이다. 우리가 만났던 기념으로 한 말씀 남겨 주시면 영광이겠습니다."

"촌부가 대감 전에 무슨 여쭐 말씀이 있겠나이까? 그러나 대감께서 모처럼 말씀하시니 제가 대감에게서 느낀 점을 한 말씀만 여쭙겠습니다."

퇴계는 옷깃을 여미며 공손한 어조로 말을 이었다.

"대감께서 먼 길을 말을 몰아 오셨는데 융숭한 식사 접대를 못 한 것은 송구스럽기 그지없는 일입니다. 그러나 제가 대감께 올린 식사는 일반 백성들이 먹는 그것과 비교한다면 진수성찬이었습니다. 백성들이 먹는 음식은 깡보리밥에 된장 하나가 고작입니다. 그런데도 대감께서는 그 음식이 입에 맞지 않아 제대로 잡수시지 못하는 모습에 은근히 이 나라의 장래가 걱정되옵니다.

무릇 정치의 요체는 '여민동락(與民同樂)'에 있사온데 관과 민의 생활이 그처럼 동떨어져 있으면 어느 백성이 관의 정치를 믿고 따르겠습니까? 대감께서는 그 점에 각별한 유의를 해주시기를 바랄 뿐이옵니다."

폐부를 찌르는 충언에 권철은 깊이 깨달은 바가 있었다. 영의정 권철에게 퇴계 이황이 아니고서는 감히 그 누구도 할 수 없는 직언이었다. 얼굴을 붉히며 머리를 수그린 권철이 말했다.

"참으로 선생이 아니고는 누구에게서도 들어볼 수 없는 충고이십니다. 나는 이번 행차에서 깨달은 바가 많아 집에 돌아가거든 선생 말씀을 잊지 않고 몸소 실천하도록 노력하겠습니다."

권철은 서울로 올라오자 가족과 측근들을 모아놓고 퇴계 이황의 말을 전하며 삶의 지표로 삼게 했다. 또한 본인도 스스로 퇴계를 본받아 검소한 생활을 했다. 누구에게든지 당당하게 직언할 수 있는 퇴계, 그리고 그 직언을 겸허하게 수용할 줄 아는 권철, 이 두 사람이야말로 위대한 조상이 아닌가.

여담이지만 노무현 대통령의 비서관이었던 내가 근무하던 곳이 바로 청와대 여민관이었다. 논어에 나오는 여민동락(與民同樂)에서 이름을 따온 것인데, 우리 연구소 이름도 여민연구소(與民硏究所)이다. 다행인지 불행인지 노무현 대통령께서 지은 여민관이 윤석열 대통령 시대에 들어와 사라지고 만지라 내가 급히 그 이름을 연구소명으로 쓰게 됐다. 그리하여 여민연구소가 탄생했다.

여민연구소의 이름에는 백성과 함께 고통을 나누고 지식을 전파했던 퇴계 선생의 깊은 뜻과 언제나 국민을 우선으로 삼고 그들의 눈물을 닦아주었던 서민 대통령 노무현의 정신이 함께 깃들어 있다. 정치의 길을 가면서 나는 두 분의 정신을 잊지 않고 언제나 마음에 새기려 한다. 국민의 고통에 동참하고 시린 손을 함께 잡고 온기를 나누는 일, 그것이야말로 여민의 근본이요 내 정치 철학의 근간이다.

나무 한 그루로
이루는 숲

　만지송(萬枝松)으로도 불리는 반송(盤松)은 소나무의 한 품종이지만 일반 소나무와 달리 줄기와 가지의 구분이 없이 밑동에서부터 우산처럼 펼쳐져 있는 것이 특징이다. 자태가 예사롭지 않은 반송은 예로부터 선비들이 좋아했다. 귀한 손님을 맞이하거나 떠나보낼 때 영접과 환송의 배경으로도 반송은 안성맞춤이었다. 멋진 반송 앞에서 손님을 맞고 떠나보내는 모습은 생각만으로도 운치가 있다.
　키가 작고 옆으로 넓게 퍼진 반송이 창원에도 많았는데, 그에 유래하여 지어진 마을 이름이 반송동이다. 반송동은 창원천과 반송천이 서와 남을 감싸 흐르고 북쪽에 야트막한 산이 살짝 솟아 사람이 살기에 더없이 좋은 곳이다.

조선시대 실학자 이중환은 <택리지>에서 사람이 살기 좋은 곳의 특징을 다음 네 가지로 요약했다. 지리, 생리, 인심, 그리고 산수. 지리(地利)란 무엇인가. 산과 물이 조화를 이루고, 산은 단정하고 아담하며 모양이 부드럽다면 살만하다고 했다. 생리(生利)란 이익을 낼 수 있는지의 경제적 관점이다. 요즘으로 치면 생활 편의성이다. <택리지> '복거총론(卜居總論)'편이 제시한 가거지(可居地)의 세 번째 인심(人心)에서 특별히 이중환은 고관대작이 없는 곳은 살만하다고 했다. 이는 아마도 남인 출신 고위 관료였다가 사화에 휘말려 목숨만은 건지고 전국을 떠돌던 자신의 처지를 비관한 탓이리라. 그러나 덕분에 우리는 명저 <택리지>를 만날 수 있었던 것이 아니겠는가. <세한도>가 그렇고 <목민심서>가 또한 그러하니 역사의 아이러니다. 자, 마지막 산수(山水)란 무엇인가. 경치가 아름답고 수려한 곳은 살만하다는 것이다. 가까운 곳에 소풍을 즐길 만한 산수가 있으면 정서가 안정되고 밝아진다.

물론 도회가 발달한 오늘날엔 새롭게 해석될 필요가 있겠지만, 기본적으로 반송 땅은 전통적인 가거지 조건을 두루 갖추고 있다고 생각된다.

그런 관점에서 생각하면, 가음정공원도 그렇지만 공원일몰제의 압박에 맞서 반송산을 살려낸 것은 너무나 잘한 일이다. 이 두 자연공원은 창원 성산구의 허파와 같은 존재다. 맑은 공기와 밝은 기운을 뿜어내는 도심 야산 공원이야말로 마르지 않는 인심의 샘이다.

'나무 한 그루가 숲을 못 이룬다고 누가 말했는가.' 옛 시인이 갈파한 것처럼 반송은 뿌리로부터 갈라져 나온 줄기와 가지들이 푸른 잎을 틔워 작은 숲을 이루니 그 자체로 하나의 세계다. 문득 깨닫는다. '그렇지. 인간 세상도 바로 그래야 하는 것이지. 하나의 뿌리에서 나왔으니 각자의 하늘을 이고 살아도 우리는 모두 한마음으로 숲을 이루고 살아야 하는 것이지.'

이 글을 쓰면서 우리 대통령이 미국 캠프 데이비드에서 '한미일의 새 역사를 쓰고 있다'는 뉴스를 듣는다. 후쿠시마 오염수 방류에 대해 한 마디만 해주길 바라는 국민의 마음은 철저히 외면하면서 '동해를 일본해로 바꾸고 독도를 빼앗고자 기를 쓰는 저들의 마음'은 어찌 그리도 잘 이해하고 대변할까. 미국이 역사상 처음으로 동해를 일본해로 공식 표기하기로 했다는 발표에 대해서도 우리 정부는 그저 먼 산 보듯한다. 벙어리 냉가슴 앓으면 이해라도 하련만 오히려 먼저 나서서 일본의 입장만 대변하고 있으니 한 뿌리에서 나온 가지인데 어찌 이리도 다르단 말인가. 그저 야속할 뿐이다.

대통령 비서관으로 근무하던 시절 청와대 경내에 300년 넘은 반송이 있었다. 국정을 지휘하는 대통령을 보좌하는 비서의 생활은 늘 긴장의 연속이었지만 지칠 때마다 반송을 찾곤 했다. 의연한 기품으로 오랜 세월을 견뎌온 나무의 모습만으로도 큰 위로가 됐다.
내일은 꼭 반송시장 칼국수 골목에 들러 단골집 얼큰한 맛에 몸을 맡기리라 생각한다. 마음이 어지러울 때 맛난 음식보다 좋은 보약은 없다. 하물며 그 음식이 내고향 창원의 서민들의 삶을 위로해온 따뜻한 국물이 일품인 칼국수임에랴. 따뜻한 칼국수 한 그릇 먹으며 지금은 비록 키 작은 소나무 한그루로 서 있지만 기어이 하나의 숲을 이루리라는 마음을 다시 한 번 단단히 다지리라.

탐욕과
국익 사이

1914년 여름, 사라예보에 몇 발의 총성이 울렸다. 그릇된 신념으로 가득 찬 한 젊은이가 페르디난트 대공 부처를 암살한 것이었다. 마치 신호탄이 울린 듯 때를 놓치지 않고 탐욕에 찌든 낡은 체제의 황제들과 정치가들이 자신들의 이익을 좇아 전쟁을 결정했다. 세계는 야포와 기관총, 철조망과 참호의 광기에 휩싸여 전쟁의 소용돌이로 빨려들어갔다. 이로 인해 수많은 젊은이들은 이유도 모른 채 전장으로 끌려갔고 목숨을 잃었다. 1871년 보불전쟁 이래 유럽 열강들이 맺은 평화의 동맹은 순식간에 양 진영으로 갈라져 다른 한쪽을 괴멸하기 위한 피의 동맹으로 대체됐다.

범인으로 체포된 가브릴로 프린치프는 나이가 만 20세에 27일이 모자란다는 이유로 사형만은 면했다. 하지만 후일 이 일로 세계대전이 일어났으며 조국 세르비아가 전쟁의 참화에 휩싸였다는 사실을 알고 큰 충격을 받았다. 자신이 애국적이라 믿었던 행동이 불러온 최악의 사태에 후회와 번민으로 고통받던 프린치프는 몇 년 후 감옥에서 병사했다.

물론 이 사건이 직접적인 발단이 된 것은 사실이다. 하지만 '사라예보의 총성'이 아니었다면 국제전이 일어나지 않았으리란 생각은 난센스다. 이미 전쟁의 기운은 유럽대륙을 공공연하게 휩쓸고 있었다. 터질듯한 탐욕의 끝에서 누가 먼저 총구에 불을 붙이느냐 하는 문제만이 있었을 뿐이다.

우리는 역사 속에서 이처럼 어이없는 이유로 전쟁이 일어나는 경우를 종종 만나게 된다.

그중 하나가 트로이전쟁인데 널리 알려진 사실대로 아리따운 한 여성이 원인이었다. 저 유명한 아킬레우스와 헥토르의 결투에 이은 장례식 장면이 대미를 장식하는 <일리아드>의 10년에 걸친 전쟁이 어처구니없는 이유 때문이었다니. 물론 지중해 무역로 패권을 다투는 과정에서 그리스 문명과 트로이 문명의 충돌이 원인이었을 테지만, 왕비 납치 사건은 분명 전쟁의 도화선이 됐던 것이다. 스파르타 왕비가 납치됐다는 소식에 폴리스의 군웅은 쾌재를 불렀을지도 모른다.

 '사라예보의 총성'과 '헬레네 납치'라는 다소 돌발적인 두 사건이 갖는 공통점은 지배자들의 탐욕에 불을 붙여주는 불쏘시개 역할이었다. 그렇다면 한국전쟁은 어땠을까?

 1950년 6월 25일은 일요일이었다. 모두가 잠든 휴일 새벽 탱크를 앞세운 인민군은 38선을 넘어 남침을 개시했다. 사전에 김일성은 스탈린의 승인을 얻고자 모스크바로 갔다. 여기까지는 익히 알려진 사실 일부다. 중요한 것은 그 이면에 있다.

 몇 차례 김일성의 요청을 거부하던 스탈린이 마침내 전쟁을 승인하면서 내건 조건은 철저한 '비밀유지'였다. 고의로 유엔 안보리에 불참해 미군 참전을 유도하기까지 한 소련은 책략이 있었다.

 최근 공개된 비밀문서에 따르면, 미국과 중국이 한국전쟁에 발이 묶여 꼼짝 못 하는 틈을 이용해 동유럽에서 손쉽게 패권을 장악하려는 스탈린의 욕심이 6·25의 원인이 된 것이다. 한 마디로 스탈린의 음모였다는 데 힘이 실린다. 그들끼리도 국익 앞에서는 국제공산주의동맹이니 세계혁명이니 하는 따위는 안중에 없던 것이다. 우리 국토에서 우리 국민의 희생을 담보로 벌어진 동족상잔의 비극은 김일성의 탐욕을 넘어 그 어떤 전쟁보다도 지정학적 탐욕의 관계도가 복잡한 국제전이었다.

며칠 전 윤석열 대통령이 나토 회의에 다녀왔다. 임기 1년 만에 벌써 두 번째다. 국익을 위해서라지만 태평양 연안국 대통령이 북대서양에 왜 그리 자주 가는 것인지는 잘 모르겠다. 때맞춰 북한은 동해상으로 신형 고체연료 대륙간탄도미사일 화성-18형(ICBM)을 발사했다. 한미일은 용납할 수 없는 도발에 강경 대응을 예고했고 중러는 자위권적 군사행동이라며 옹호했다. 노태우 정권의 북방외교로부터 시작된 평화의 동맹에 균열이 시작된 것인가?

올해는 정전협정 70주년이다. 그 어떤 좋은 전쟁이라 해도 그 어떤 나쁜 평화를 이길 수 없다는 말이 있다. 일부 보수층에서 너무도 쉽게 말하는 '선제 타격'이 만에 하나 현실화된다면 그 피해는 불 보듯 뻔하다. 그런데도 국민들의 위기의식을 자극해 자신들의 이득을 취하려는 자들은 위험하고 불온하다. 우크라이나의 핏빛 절규, 팔레스타인 아이들의 울음소리가 들리지 않는가. 평화보다 큰 국익은 없다. 전쟁을 자신들의 이익을 위한 도구로 사용하려는 세력이 우리사회에 존재하는 한 '평화의 결심'은 아직 요원하기만 하다.

씻나락 까먹는 정부

"귀신 씻나락 까먹는 소리 말라"는 말이 있다. 하도 어이없는 말을 들을 때 우리는 이런 속담이나 관용어구를 인용한다. 다소 '그로테스크'한 이 속담은 나름대로 정감이 있어서 꽤 그럴싸해 보이기까지 했다. 하지만 말이 만들어진 내막을 곰곰이 들여다보면 오싹함에 전율하게 된다.

농경 시절 종족의 생존을 위해 꼭 필요한 것이 바로 씻나락이었다. 씻나락은 벼의 종자이다. 씻나락을 먹어 치우면 내년에 농사를 지을 수 없다. 그래서 아무리 배가 고파도 씻나락은 절대 까먹지 않는다. 그런데 어느 해 봄, 못자리판에 볍씨를 뿌렸더니 발아가 안 되는 일이 벌어졌다. 그러자 당황한 사람들이 말했다. "귀신이 씻나락을 까먹었다."

씻나락 훼손 혐의를 귀신에게 돌리는 것은 공동체 보호 차원에서 매우 현명한 조치였다. 도무지 이유를 알 수 없는 일에 범인을 색출하겠다고 부산을 떨어대는 것은 참으로 실속 없는 짓이다. 그리 생각하니 우리 조상이 얼마나 지혜로운가. 농부들은 확신했을 것이다. 공동체 구성원 중에 그 누구도 씻나락을 까먹는 어이없는 짓을 했을 리 없다는 것을. 설령 그런 짓을 한 이가 있다 해도 그럴 만한 이유가 있었을 터이니 굳이 따지는 것이 모두에게 득이 되지 않는다는 것을, 그랬기 때문에 귀신을 불러내 사건을 일단락 지은 후 미래로 나아가자는 암묵적 합의를 했을 것이다. "귀신 씻나락 까먹는 소리"에 이처럼 공동체의 생존과 운명에 관한 비밀이 숨겨져 있었다고 생각하니 씻나락에 대한 경외심으로 숙연한 마음마저 든다.

그런데 대명천지에 대놓고 귀신 씻나락 까먹는 일이 벌어졌다. 알고 보니 그 귀신은 다름 아닌 윤석열 정권이었다.

정부는 연구개발(R&D) 예산의 16.6%를 삭감하겠다는 내년도 예산안을 확정해서 발표했다. 16.6%도 엄청난 숫자지만 실제 감액되는 액수를 계산하면 30%에 가까운 예산이 삭감된다고 하니 과학기술계의 "이러다 나라 망한다"라는 비판이 예사롭지 않게 들린다. 그중에서도 창원에 있는 한국전기연구원, 한국재료연구원이 받을 타격이 가장 크다. 직접 들어보니 아예 연구 자체를 포기해야 하는 분야도 생길 거라 한다. 도미노처럼 중소기업과 지역경제로 이어질 악영향도 걱정이다.

역대 정권은 아무리 경제가 어려워도 과학기술 예산에는 절대 손대지 않았다. 이것은 진보-보수, 여야의 구분 없는 국가적 합의였다. IMF 외환위기 때도 그랬고 2008년 미국발 금융위기 때도 그랬다. 오히려 이때도 R&D 예산은 증액됐다. 왜 그랬을까. R&D 예산은 국가 경제의 미래가 달린 '씻나락'이기 때문이었다.

그런데 윤 대통령의 '나눠 먹기식 카르텔' 한마디에 모든 것이 무너졌다. 딱 두 달 만에 전격적으로 진행된 예산 삭감에 현장은 대 혼돈에 빠졌다. 더 큰 문제는 회복하기 어려운 과학기술계의 이미지 타격이다. "내가 연구카르텔의 일원이었어?"라고 자책하며 벌써 연구 현장을 떠날 생각하는 연구원도 있다. 일반 대기업에 비해 낮은 연봉과 극단적인 장시간 노동에도 "하고 싶은 연구 마음껏 할 수 있다"는 장점 하나로 버텨온 연구원들의 자존심이 여지없이 구겨졌다. 젊은 인재들의 탈 이공계 현상도 심각할 것이다. "이제 누가 연구원이 되려고 하겠나?"라는 한 연구원의 말에 대한민국의 몰락이 눈에 선하다.

4차 산업혁명을 선도하겠다더니 다 거짓말이었나? 오염수 방류 방조에 독도까지 내줄 듯 외교 펼치더니 이제 나라 경제까지 들어먹을 심산일까. 우주 강국, 첨단기계공업의 메카 창원의 미래는 또 어떻게 될 것인가. 국가의 미래 존망이 달린 R&D 씻나락 다 까먹겠다고 설쳐대는 이 소동을 대체 어떻게 해야 하나.

정부가 까먹은 씻나락 때문에 싹이 트지 않은 빈 못자리에서 황망해하는 국민들의 한숨과 절망이 귀에 들리는 듯 하다. 이러다 정말 나라 망하겠다.

소멸어업인의
눈물을 닦아주며

내가 창원시장 재임 중 한 일 중에서 잘한 일 하나를 꼽으라고 하면 소멸 어업인들의 해묵은 민원을 해결한 일이다.

1995년 국책사업으로 시행된 부산신항 건설로 인해 예로부터 바다를 터전으로 살아온 어민들의 어장이 사라지면서 소멸어업인 생계 대책 민원이 발생했다. 제기한 사람이 누구인지 까마득해서 기억도 잘 안 나는, 구 진해시장을 상대로 발생한 민원이 박완수, 안상수 통합 창원시장을 거쳐 내게로 이어지는 동안 26년 세월이 흘렀다. 많은 시간이 흐른 만큼 소멸 어업인들의 원망과 분노는 극에 달했다. 내가 시장이 되었을 때는 이미 이 세상을 떠난 소멸어업인도 있었다.

그들은 더 이상 기다릴 여유가 없다며 시청으로 몰려와 시장 나오라고 소리치며 욕을 해댔다. 그 상황을 보았다면 "허성무가 저런 욕을 먹으려고 시장이 됐나?"라고 생각할 만큼 그들은 지독한 막말에다 생전 처음 들어보는 쌍욕까지 섞어 험한 말과 거친 행동으로 나를 괴롭혔다.

상황은 힘들었지만 사실 입장은 충분히 이해가 됐다. 그들에게 바다는 대대로 비옥한 농토였다. 거기서 잡은 물고기와 어패류로 행복한 가정을 책임졌고 아이들을 공부시켰다. 지칠 줄 모르는 힘으로 끊임없이 수태와 탄생의 신비를 자아내는 바다는 생명의 보고이자 그들의 모든 시간이 담긴 삶 그 자체였다.

바다는 마법과도 같은 힘으로 심연을 알 수 없는 미지의 힘을 품고 있다. 비할 데 없이 고요하고 온화한 평화가 심연 깊숙한 곳으로부터 솟아나며 해역을 붉게 물들이는 장면을 본 적이 있는가. 그렇게 장중한 침묵으로 어민들의 고단한 하루를 어루만지며 내일을 기약하던 풍요의 바다가 어느 순간 정부 정책에 의해 사라졌다.

정부가 제시한 보상금과 피해 대책은 만족할 만한 수준이 아니었다. 바다를 그대로 놔두었더라면 어민들은 지금까지 그래왔던 것처럼 이후에도 자손 대대로 그곳에서 삶의 터전을 일구며 평온하게 살아갈 것이었다. 소멸어업인들을 원래대로 살게 해주는 것보다 더 좋은 대책은 없을 것이다. 천혜의 어장을 빼앗긴 어민들이 입은 기회의

상실에 대해 충분한 보상을 해주는 것은 나라가 해야 할 도리였다.

설령 원하는 만큼 보상이 이루어진다고 하더라도 어민들에게는 충분하지 못할 것이다. 자신들의 전통과 문화를 잃어버린 손해는 어떤 것으로도 복구할 수 없기 때문이다. 그들이 대대로 지켜온 정체성과 존엄성은 또 어떠한가. 누가 그것을 되살려줄 것인가. 그래서 정부가 제공한 최소한의 보상이 1997년에 체결한 생계 대책 부지의 제공이었다. 그러나 무려 24년이란 세월 동안 약속은 이루어지지 않았다. 감정가격으로 땅을 가져가야 한다는 주장에 어민들은 말도 안 되는 소리라고 일축했다. 매각 당시의 가격보다 무려 13배나 초과한 감정가에 생계 대책 부지를 가져가라는 것은 무리이기도 하거니와 애초의 취지와도 맞지 않았다.

어민들은 분노했다. 이때부터 수시로 창원시청에 찾아와 항의성 민원을 제기했는데 내가 시장이 되고부터는 그 정도가 더 심했다. 마침내 욕설이 등장하고 어떤 경우에는 시청 로비에까지 난입해 폭력적인 상황이 연출되기도 했다. 몇 차례 어민 대표들과 대화를 시도했지만, 방법이 없었다. 이 일에 대해 공무원들은 이렇게 보고했다.

"법적으로 해줄 방법이 없습니다."

하지만 손 놓고 앉아있을 수는 없는 노릇이었다. 시민들의 삶을 개선하고, 공정하고 포용적인 사회를 만드는 것은 내 임무였다. 시장으로서 소수자와 약자의 권익을 보호하고 다양한 문화와 가치를 존중하는 것은 내게 주어진 신성한 책무라고 생각했다. 어민들이 내어준 어장 위에 만들어진 신항만은 대한민국을 세계 일류 물류 강국으로 변모시킬 것이다. 하지만 그 영광은 소멸 어업인들의 희생을 담보로 하는 것이다. 그런 어민들에게 해줄 방법이 없다니.

고심 끝에 나는 결단했다. 국민권익위원회에 중재를 요청하는 방법이 있었다. 청와대에서 민원 담당 비서관 근무 경험이 있는 나는 공공의 이익과 개인의 재산권이 상충할 때 어떻게 조정하면 문제를 해결할 수 있는지 나름대로 학습 경험이 있었다. 결국 이해 당사자들과의 치열한 토론을 거쳐 국민권익위의 조정을 받아 법보다 우선으로 국민의 억울한 감정을 풀어주고 그들의 권익을 지킬 수 있었다. 날마다 소란하던 창원시청 앞 광장이 평화를 찾게 되었음은 물론이다. 그러고 보면 청와대 여민관에서의 생활은 나에게 엄청난 힘이었다.

두 마리 토끼를 잡아라

소멸 어업인 문제를 해결하고자 고심하던 그때 나는 2006년 청와대 민원 제도 담당 비서관 시절 겪은 일화 하나를 생각해냈다.

당시에는 동해안을 따라 철조망이 쳐져 있었다. 강원도 고성에서부터 속초를 지나 양양, 주문진, 강릉, 그 아래로, 아래로 자동차로 달리다 보면 해안선을 따라 함께 철조망도 달렸다. 푸른 바다를 배경으로 갈대밭이 일렁이는 아름다운 경치도 잡힐 듯 가까운 파도의 포효도 검은 철조망에 가로막혀 가까이 갈 수 없는 비현실적인 풍경이었다. 아마 이 글을 읽으며 오래된 그 풍경을 떠올리며 잠시 추억에 잠기는 이가 있을 것이다. 막막한 고요가 끝을 알 수 없는 평원처럼 펼쳐진 그곳에 길게 늘어선 철조망은 기괴하기까지 했다. 이쪽과 저쪽을 가르는 숙명적 장벽처럼 줄지어 선 철조망은 어떤 평화와 아름다움도 허용하지 않겠다는 듯 완고하게 버티고 서 있었다.

철조망을 쳐 놓은 사람들은 안보 논리로 필요성을 이야기 했지만 바다를 삶의 터전으로 삼아 생계를 이어가는 어민들과 주변 상인들에겐 생계를 위협하는 심각한 걸림돌일 뿐이었다. 27년 동안 관광객 유치와 주민 생계를 위협하고 있던 "동해안 해수욕장 경계 철조망을 철거해달라"는 민원이 내게 접수됐다. 그동안 사람들이 여러 차례 민원을 제기한 전력이 있었는데 전임 민원 담당 비서관들도 눈치만 살필 뿐 선뜻 해결하지 못했던 문제였다. 나는 주민들의 민원이 접수된 이상 더 이상 두고 볼 수만은 없다는 생각이 들었다. 일단 부딪혀 보자는 마음으로 수석비서관 회의에서 말을 꺼냈다. 예상대로 안 된다는 답변이 돌아왔다.

비서실장에게 핀잔만 듣고 안보비서관실로 문제를 넘기고 난 뒤 4개월쯤 지났을 때 다시 민원이 올라왔다. 아직 무언가 마땅한 해결책이 나오지 않았던 모양이다. 안보비서관실에 연락해보니 역시나 손도 대지 못하고 있다고 했다. 현실적으로 처리가 곤란한 문제라 하더라도 27년 동안 철조망으로 인해 주민들이 입은 고충을 알면서 모른 척할 수는 없는 일이었다. 국가 안보와 주민들의 편익, 두 마리 토끼를 잡을 방법은 없을까? 국방부와 합참, 해양수산부와 환경부, 기획예산처, 총리실 등 해당 기관 관계자들을 소집해 회의를 열었다. 국방부 등 안보를 책임지는 관계자들은 "절대 안 된다"라며 반대를 분명히 했다. 그들로서는 당연한 주장이었다. 그렇다고 주민들의 불편을 마냥 덮어둘 수도 없었다. 따로 전문가 회의를 소집했다. 거기에서 좋은 대안이 나왔다. CCTV와 TOD(열 영상 촬영기)와 같은 최첨단 경계 장비로 대체하면 된다는 쪽으로 의견이 모였다. 철조망보다 경계근무에 훨씬 도움이 될 것이므로 안보에 더 효과적이라는데 반대할 이유가 없었다.

그렇게 해서 2007년부터 강원도 고성에서부터 부산 다대포해수욕장까지 동해안 철조망 철거가 시작됐다. 나중에 해안 경계 철조망이 사라진 그해 여름에만 동해안 해수욕장 피서객이 30% 이상 늘었다는 뉴스를 전해 들었다. 청정해역의 바다가 마침내 주민과 국민의 품으로 돌아간 것이다. 이제 바다는 날 것 그대로의 아름다움과 현실감으로 주민들의 품에 안겨왔고 국민들은 과도한 불안감과 중압감 없이 자연을 즐기게 되었다.

내 또 다른 저서 《그래도 사람, 36.5》에 이때의 감상을 이렇게 기록해 놓았다.

'공공의 이익과 개인의 재산권이 상충한다면 어떻게 해답을 찾아야 할까? 동해안 철조망 문제가 제게 던진 화두입니다. 정상적인 합의가 이뤄진 공공사업이라면, 개인에 대해 적절한 피해 보상 후에 추진하면 되지만, 그렇지 않을 경우엔 이야기가 달라집니다. 밀양 송전탑 문제가 대표적인 예이지요. 전기가 공공의 이익이라면 송전탑이 들어서는 땅은 주민들의 삶의 터전이자 재산인 셈입니다. 아무리 공공의 이익을 위한 것이라 하더라도 헌법상 인권의 문제가 발생한다면 무조건 밀고 나가서는 곤란합니다. 국가는 개인의 재산권과 인권을 보호해줄 의무가 있기 때문이지요.

　핵심은 가치관에 있습니다. 국민 개개인의 인권을 얼마나 중요하게 여기느냐는 가치관입니다. 사람을 중심에 둔 정치인이나 행정가는 정책이나 사업을 계획할 때부터 개개인의 자유와 권익을 고려하는 마음을 가질 수밖에 없습니다. 사업을 추진할 때 발생하는 문제에 있어 반대하는 주민의 아픔을 이해하고 설득하고자 노력하게 됩니다. '나를 위하는 마음이 전해질 때 '우리'를 위한 양보와 희생도 따라올 수가 있는 것이겠지요. 무조건 법의 잣대만을 들이대서는 국민의 마음을 얻지 못하는 것입니다. 따뜻한 행정이 국민의 신뢰를 받는 건 당연한 이치입니다. 국민도 마찬가지입니다. 해당 지역의 당사자가 아니라고 무조건 지역이기주의로 치부해서는 곤란합니다. 만약에 내가 피해자라면 무조건 공공의 이익을 위해 양보할 수 있을까? 한 번쯤 자리를 바꿔 생각해 볼 문제입니다. 국가도 국민도 상대의 위치에서 생각하는 역지사지의 마음, 발전된 민주주의로 가는 핵심 키워드입니다.'

　이전에 철조망이 쳐져 있던 지역을 지금도 가끔 지나갈 기회가 있다. 툭 트인 시야로 드넓게 펼쳐진 동해의 파도를 보면서 스스로 기특한 마음이 든다. 누구도 기억하지 못한다 해도 발상의 전환을 통해 마음의 철조망까지 걷어냈던 그 시절의 열정과 사람들에 대한 이해가 여전히 나를 움직이는 동력으로 살아있음을 확인하면서.

정권이 바뀌면
법도 바뀌고 도리도 바뀌나

1995년 부산신항 건설로 발생한 소멸어업인 문제 역시 내용은 조금 다를지라도 큰 틀에선 같은 문제였다. 공공의 이익이 아무리 중하다 해도 개개인의 사유재산권을 침해하는 것은 헌법상 인권 침해의 소지가 있다. 나의 제안에 소멸어업인들은 국가권익위원회에 고충 민원을 제기했다. 권익위는 1년 가까운 시간 관계자들을 소집해 조정 협의를 개시했다. 2021년 11월 5일 마침내 부산진해경제자유구역청, 경남개발공사, 창원시, 사업시행사, 소멸어업인 등 5자의 합의가 이뤄져 조정 회의를 열고 이날 최종 조인식이 거행됐다. 이 자리에는 진해구 출신 국회의원인 이달곤 국민의힘 의원도 참석해 축사를 해주시고 함께 기뻐했다.

그날의 감동을 다시 한 번 새긴다는 의미에서 당시 조정 회의 녹취록 중에서 전현희 국민권익위원회 위원장의 모두 발언 중 일부를 발췌한다.

안녕하세요 반갑습니다. 국민권익위원회 위원장입니다.
지금부터 부패 방지 및 국민권익위원회의 설치와 운영에 관한 법률 제45조에 따라 부산신항 터미널 법인 생계 대책 마련을 요구하는 고충 민원에 대한 조정 회의를 시작하겠습니다. 오늘 권익위 주관으로 현장에서 조정 회의를 엽니다. 이 형식이 조금 낯선 분들이 계실 것 같아 잠깐 설명해 드리겠습니다.
권익위는 국민 여러분의 집단민원, 그러니까 여러분들이 이해 당사자가 되는 민원입니다. 오늘은 1,300여 명의 지역 주민들이 민원 신청자가 되는 사안입니다. 그리고 여러 부처에 걸쳐져 있는 그런 다부처 관련 민원을 해결하는 주무 부처입니다. 그렇게 해결한 결과를 조정조서로 마무리합니다. 오늘 이 자리로 말하자면, 법적 구속력을 갖는 일종의 사법부 재판과 비슷한 절차라고 보시면 됩니다. 그래서 오늘 이 자리에 함께하신 피신청인 기관들, 이해관계 기관들이 서명한 조정조서는 일종의 법적인 효력이 성립하게 됩니다. 그래서 그 조정에 대해서는 누구든지 그 부분에 대해서 수용하고 지켜야 하는 강제 구속력이 발생하는 것입니다. (중략)

오늘 조정 회의는 아시다시피 95년 부산신항을 건설하면서 이 자리에 계신 우리 어민들에게 생계 대책용 토지를 주겠다 한 약속이 여태까지 지켜지지 않아서 주민들께서 갈등과 고통을 겪어온 집단 고충 민원을 조정하고 확정하는 자리입니다. 정부는 21세기를 대비해서 동북아 국제물류 허브 항만시설을 목적으로 해수부가 95년도부터 총사업비 19조 3,000억 원을 민자 합작 사업으로 추진하는 과정에서 이 지역 연근해에서 어업활동을 해오시던 1,300여 명 어민들의 어업권이 소멸하게 되었습니다. 그래서 정부는 소멸어업인들에게 생계 대책용 토지를 제공하기로 1997년 6월 12일에 약정을 체결한 바 있습니다. 약정체결 이후에 우리 어민들에게 제공되는 토지 매각 가격이 국유재산법에는 매각 시점의 감정평가액에 따르도록 규정을 하고 있었습니다. 그런데 어민들께서는 "그 감정평가액으로는 매입할 수 없다"라는 입장이었고, 양자의 견해 차이가 좁아지지 않아서 갈등이 시작된 걸로 알고 있습니다. 제가 듣기로는 우리 어민들께서 서 무려 175회의 집회와 그리고 또 그 과정에서 사회적인 비용도 굉장히 많이 발생한 걸로 알고 있습니다. 무엇보다 175회의 집회를 하는 동안 고통받았을 우리 주민들의 아픔과 고통에 대해서는 이 자리를 빌어 정부의 대표로서 "정말 그동안 감사하고 또 죄송하다"라는 위로의 말씀을 드립니다.

우리 어민들께서 여러 가지 노력도 하고 또 힘든 상황을 겪는 과정에서 올해 2월에 국민권익위원회에 집단 고충 민원 제기를 해주셨습니다. 제가 오늘 약간 안타까운 마음은, 좀 더 빨리 권익위를 찾아와 주셨으면, 그나마 조금 더 빨리 해결되지 않았을까 하는 생각을 했습니다. 제가 말씀을 들어보니, 마침 우리 허성무 창원시장님께서 국민권익위를 알고 계시고 또 청와대에 계실 때 권익위 업무를 잘 알고 또 함께하신 그런 경험이 있으시다고 들었습니다. 그래서 "권익위로 가서 조정 절차를 거쳐 민원을 해결하면 좋겠다"라고 먼저 말씀을 해주셨다고 해서 그 부분에 대해서도 진심으로 감사의 말씀을 드립니다.

권익위는 아시다시피 국민 편입니다. 국민을 대신하고 국민들 입장에서 국민의 대리인으로 정부 기관과 대신 싸워주는 기관입니다. 저는 그렇게 생각합니다. 그래서 부산신항 개발로 정부 쪽이나 공공의 영역에서 그로 인한 이익과 편익이 생기고, 물론 많은 국민도 그로 인한 편익을 보게 되겠지만, 그 과정에서 거기에 생계를 매고 살아가는 우리 주민들이 희생당하고 손해를 입게 되는 것은 있을 수 없는 일이라고 생각합니다. 공공영역에서 손해를 보는 일이 있더라도 지역민들에게 그 이상의 혜택이 돌아가야 한다고 생각합니다. (중략)

수차에 걸친 현장 방문, 주민들과의 대화, 어민들의 피해, 기존 약정의 법률적 의미 등에 대해 지역주민의 처지에서 해석하고 적용할 수 있을지에 대한 깊은 분석과 법률검토를 했습니다. 사업 추진을 위해 사업시행자는 생계 대책을 마련하는 데에 법을 떠나 상당한 재량이 주어져 있다고 판단했습니다. 권익위는 또 공공의 영역에서 우선적인 배려 차원의 생계 대책 용지의 저렴한 공급으로 사업의 원활한 추진과 소멸어업인의 생활 안정을 도모함이 타당하다고 판단했습니다. 그래서 권익위가 매각 시점의 감정평가액으로 매각하게 돼 있는 국유재산법을 극복하는 조정안을 제시했습니다. 참고로 권익위는 적극행정 주무부처입니다. 적극행정이라 함은, 다소의 법령위반이 있다고 하더라도 공직자가 국민을 위해서, 공익을 위해서 행정행위를 한 경우에는 그 공직자에게 징계라든지 감사를 받지 않도록 면책해주는 그런 기능이 있습니다. 그래서 이를 소관하는 적극행정 주무부처로서, 또 국민의 신청에 따른 행정기관의 행정행위에 다소 법령위반이 있다고 하더라도 국민의 편익과 공익을 증진하는 조정을 당연히 관계기관은 수용해야 하고, 이는 대한민국의 관련법 제도와 정신에도 부합합니다. 그래서 매각 시점의 감정평가액에 매각하도록 규정돼 있는 국유재산법을 뛰어넘는 조정을 해서 피신청인과 관계기관을 설득하고 또 여기에 모두 흔쾌히 동의해주셔서 오늘 이 조정 합의에 이르게 되었습니다. 오늘 조정의 목적은 아까도 말씀드렸지만, 그동안의 경과와 협의와 합의의 과정이 담긴 조정안에 서명하고 법률적으로 확인하는 그런 자리입니다. 제가 여기서 합의한 내용에 탕탕탕(의사봉을) 치고 서명하고 나면 법률적 효력이 발생합니다. 아무쪼록 오늘 조정 회의를 통해서 대규모 항만개발로 생계터전을 잃은 지역주민들께 조금의 위로가 되었으면 좋겠습니다. 그동안의 갈등이 치유되고 우리 지방자치단체와 공기업과 정부에 대한 신뢰가 조금이나마 회복될 수 있는 계기가 되기를 바랍니다.

그리고 제가 말씀을 듣는 과정에서, 이렇게 소유권을 확보한다고 하더라도 그 자체로 어민들의 생계 대책이 완전히 해결된 것은 아니란 생각이 듭니다. 앞으로 창원시가 입법이나 정부 정책을 통해서 그 부분에 관한 여러 가지 대책을 마련해야 한다고 봅니다. 창원시장님께서도 그 대책 부분에 관해 고민을 많이 하고 계신 줄로 알고 있습니다. 그 부분에도 이후에 권익위의 도움이 필요해서 저희를 찾아 주시면 최선을 다하겠다는 말씀을 드립니다.

조정 회의는 화기애애한 가운데 진행됐다. 전현희위원장의 눈가에 촉촉한 물기가 보이는 듯했다. 소멸어업인 중에는 그간의 세월이 서러웠던지 흐느껴 우는 분도 있었다. 나도 눈물이 나려는 걸 고개를 숙여 슬쩍슬쩍 손수건으로 닦아내며 억지로 참았다. 이날 하루만큼은 지난 24년의 고통을 잊고 감격에 몸을 맡겼다. 이달곤 의원은 엄숙하고 착잡한 표정으로, 그러나 기쁨에 찬 목소리로 다음과 같은 축사를 했다. 원문 그대로이다.

어민 여러분 오늘 이 시간까지 고생이 많으셨습니다. 어느 겨울날 아침에 새벽에 제가 창원시청 앞에 가니까, 정말 몇 분이 아침도 못 드시고 장갑도 안 낀 채 고생하셨는데, 오늘 여기까지 왔습니다. 중앙정부의 국민권익위원회에서 고충을 아시고 조직이 되었는데, 이제부터는 이게 법과 같습니다, 오늘 사인 한 이것이. 이것이 이행이 잘되도록 이행 점검을 해야 하겠고, 또 도와 시에서는 권익위원장님 못 내려오시더라도 주기적으로 시민들 좀 만나서 일이 어떻게 돼 가는지 소상히 좀 설명을 해줬으면 좋겠습니다. 그래서 고생을 너무 많이 하셨고, 다시 한 번 권익위 위원장님, 위원장님하고 저하고는 18대 국회를 다시 처음 시작했어요. 위원장님은 3선까지 하시고 또 경력을 보면 원래 치과의삽니다. 저 어르신이. 그래 법을 공부해서 사법고시를 하고 법관이 되고 정치도 하시니 자그마한 일까지 다 아시는 분이시죠. 여러분, 감사하다는 의미에서 박수 한 번 더 부탁드립니다. 감사합니다.

새로 들어선 민선 8기 창원시 집행부가 이 건을 감사하면서 관련 공무원들을 징계하거나 고발 조치했다는 소리를 들었다. 나로서는 이해하기 어려운 공직 철학이다. 대체 그들에겐 철학 같은 게 있기는 한 걸까. 심지어 "소멸어업인들에게 시 재산을 헐값에 매각했다"라면서 "배임죄로 수사 의뢰해야 한다"라고 주장했다고 하니 점입가경이다.

시민의 편익을 위해, 시민의 눈물을 닦아주고 고충을 해결해준 일이 배임이라니. 그럼 시가 시민을 상대로, 그것도 대를 이어온 생계터전을 빼앗긴 지역주민을 상대로 땅장사라도 해야 한단 말인가. 모든 것을 경제성의 논리로 따지는 저들에게 국민이 흘리는 눈물, 시민의 아픔이 보이기나 하는 것인지 가치관에 상처 입은 괴로운 며칠이었다.

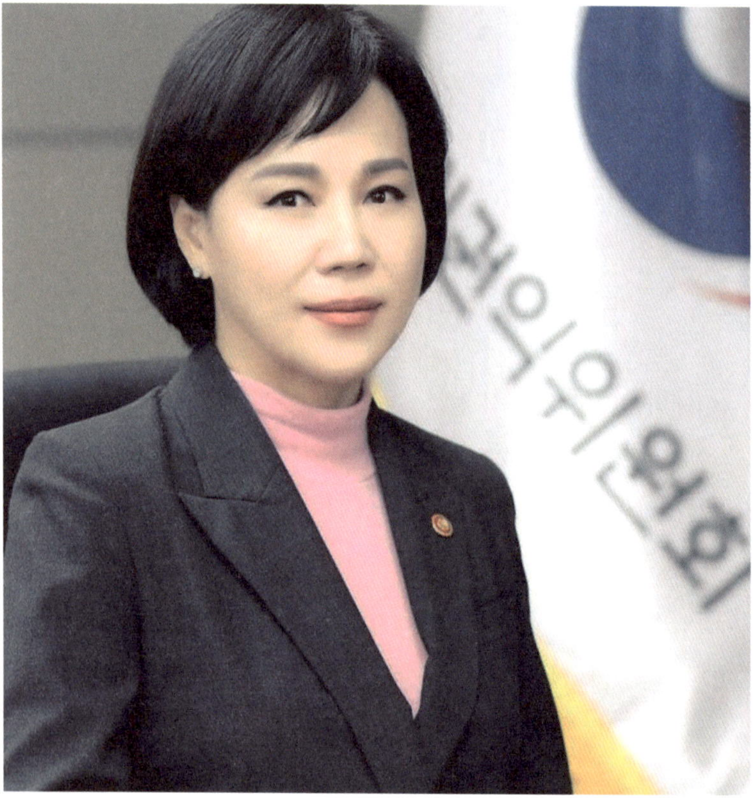

전현희
국민권익위원회 위원장님
고맙습니다
진해 · 의창수협
생계대책위원회

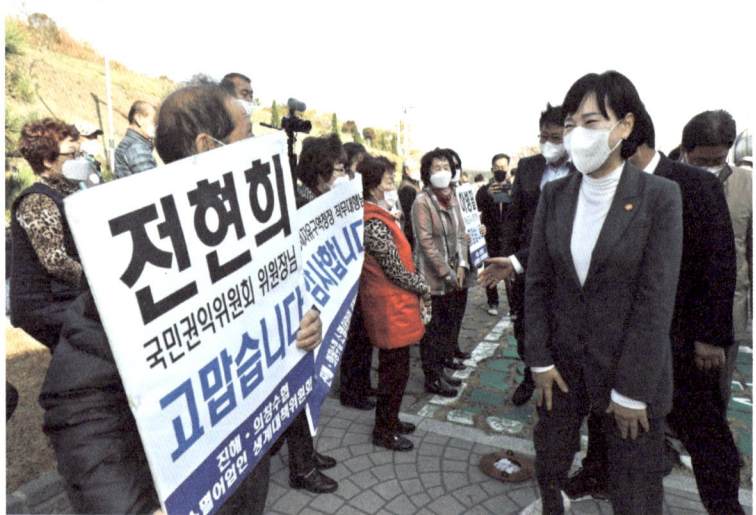

백중날
머슴 장가간다

　농경사회였던 우리나라는 예로부터 가장 큰 명절로 정월대보름과 한가위를 꼽았다. 요즘엔 설날과 추석만이 큰 명절로 대접받고 있지만, 이것은 국가가 기념일로 지정해 긴 연휴를 설정해준 데서 비롯된 바가 크다.

　오랜 전통으로 음력을 써왔던 우리네는 "양력보다 음력이 농사에 필요한 계절을 더 잘 읽을 수 있다"라고 생각해왔지만, 사실은 그렇지 않다. 1년을 24등분한 절기를 쓰는 이유가 음력으로는 농사의 주기를 정확하게 알기가 어렵기 때문이었다. 농경사회였던 고로 음력을 쓰면서도 농사를 위해 다시 24절기라는 양력을 개입시켜야만 했던 것은 어떻게 보면 모순이었다.

그러함에도 여전히 우리 세시풍속에서 달의 비중이 컸던 데에는 어떤 이유가 있었을까? 태양신을 숭배하던 태양력 지대에서 동지와 하지가 중요했던 것처럼, 우리 조상들에겐 두 개의 대보름달이 한해의 대표요 상징이었다. 달은 우리 민족의 우주론, 세계관에도 지대한 영향을 미쳤다. 우리 조상들에게 달은 태양과는 비교도 안 되리만치 중요한 존재였다. 우리가 어릴 적 부르고 외던 동요나 시 중에 달이 가장 많이 등장했던 것은 우리 민족 정서와도 깊은 관련이 있을 것이다. 달은 풍요와 함께 여성성을 상징한다. 쑥과 마늘을 먹고 사람이 된 웅녀가 단군을 낳았다는 전설처럼 달을 숭상하는 마음은 먼 옛날 모계사회로부터 이어온 것일지도 모른다. 농경을 기본으로 하던 우리 조상들에게 달은 여신이며 대지이며 풍요 자체였다.

한해의 농사는 정월대보름에 시작해 8월 대보름에 끝난다. 추석(秋夕), 중추절(仲秋節), 중추가절(仲秋佳節), 중추월석(仲秋月夕), 가배(嘉俳), 가배일(嘉俳日) 등으로도 불리는 한가위는 수확의 기쁨을 누리는 날로서 한 해 중에 가장 풍요로운 날이다. 달리 부르는 이름이 특별히 많았던 것은 그만큼 기쁨이 표출된 것이었을 테다.

추석 지나 10월 보름은 상달이라 하여 햇곡으로 떡하고 술을 빚어 제를 지내고 집안의 평안을 빌었다. 또 한가위 딱 한 달 전인 7월 보름을 백중날 또는 백종일(百種日)이라고도 하는데, '호미씻이'라 하여 불필요한 농기구를 씻어두고, 농군들에게 술과 음식을 대접하며 농사의 수고로움을 위로했다.

한국민족문화대백과사전에 따르면 '그해 농사가 가장 잘된 집 머슴을 뽑아 얼굴에 숯검정 칠을 하고 도롱이를 입히고 머리에 삿갓을

씌워 우습게 꾸민 다음 지게 또는 사다리에 태우거나 황소 등에 태워 집마다 돌아다니는데, 이때 집주인들은 이들에게 술과 안주를 대접했다'라고 전한다. 또 '백중날 머슴 장가간다'라는 말도 여기서 유래했으며 '백중날 마을 어른들이 머슴이 노총각이나 홀아비면 마땅한 처녀나 과부를 골라 장가를 들여주고 살림도 장만해주던 데서 나온 말이다'라고 하니 실로 정겹지 아니한가.

햇빛은 '햇볕'이라고도 부르지만, 달빛은 '달볕'이라 부르지 않는다. 달빛은 햇빛의 볕처럼 뜨겁지 않다. 은근하고 은은한 달빛은 포근한 어머니의 품과 같다. 달빛 속에는 세상을 감싸고 포용하는 융합의 힘이 있다. 달빛은 어둠을 몰아내지 아니하고 어둠 가운데서 어둠과 함께하며 세상을 비춘다. 언젠가 달빛걷기 행사에 대해 들은 적이 있다. 나는 직접 그 행사에 참여하지는 못했지만, 듣는 것만으로도 작은 감동이 전해져왔다. 기회가 된다면 우리 동네에도 달빛걷기 모임을 만들면 어떨까 생각해본다. 몇몇이라도 모여서 어둠 한가운데에서 어둠과 공존하며 어둠을 밝히는 '심지'가 될 수 있다면 얼마나 아름다운 일일 것인가.

국민들이 한 해의 풍요와 안녕에 감사하며 정을 나눈 추석 연휴가 아직 끝나지 않은 오늘, 윤석열 대통령의 메시지를 보면서 절망할 수밖에 없는 현실에 참담하기만 하다. 정말 이해하기 어려운 국기 최고지도자를 만났다. 연휴 나흘 내내 민생·안보에 매진하며 '일하는 추석'을 보냈다는 대통령이 내보낸 메시지의 정점은 결국 공산 세력 타령이었다.

"공산 세력으로부터 자유 대한민국을 지키고, 자유민주주의와 시장경제에 기반해 성장의 기틀을 세운 어르신들의 헌신을 잊지 않을 것입니다."

20세기에 사라진 공산주의 유령이 아직도 대한민국을 배회하고 있다고 믿는 것인가. 아니라면 존재하지도 않는 공산주의 유령을 불러내 '이념대결'을 격화시켜 모종의 정치적 이득을 챙기려는 것인가. 노인 문제에 대한 국가적 대책 마련과 범국민적 관심 제고를 목적으로 제정된 노인의 날에 발표한 메시지라는 점을 감안한다 해도 이건 아니다. 홀로 국민을 갈라치기하며 분열을 조장하는 대통령에게 묻고 싶다.

"우리 조상들은 백중날에 열심히 일한 머슴 장가도 보내줬다고 하는데, 달빛처럼 국민을 포용하고 감싸는 메시지는 내지 못할망정 빛과 어둠을 가르고 대결을 획책하며 마침내 피를 보고야 말 전쟁을 부추기는 메시지가 웬 말씀이란 말이요?"

하기야 내가 말한다 한들 들을 사람이 아니다. 차라리 고요한 달빛을 벗 삼아 차츰 잦아드는 목소리로 노래하는 가을벌레들의 마지막 협연에 감사의 인사나 하는 게 도리에 맞을 듯싶다.

홍범도 장군 흉상,
우리 손으로 진해에 세우자

　독립군을 향한 공격이 개시됐다. 육사 교정에 세워진 홍범도 장군 흉상을 철거하겠다며 소동을 부리던 육군이 이번에는 육사 내 독립전쟁 영웅실 철거에 착수했다는 소식이다. 철거 대상 독립운동가는 홍범도, 지청천, 이범석, 김좌진, 안중근 장군과 이회영 선생, 박승환 참령 등 일곱 분이다. 이것은 전초전에 불과하다. 곧 대규모 공습이 전개될 것이다.
　전쟁의 다음 순서는 익히 아는 바와 같이 게릴라선 이후 지상군 투입이다. 고도로 훈련된 일제의 특수부대가 독립군이 숨어있는 구석진 곳곳을 찾아내 하나하나 격파했듯 조국의 독립에 힘썼던 영웅들에게 좌익의 낙인을 선명히 찍어서 퇴출하려 할 것이다. 단순한 국지전이 아니라 완벽한 궤멸을 향한 대규모 전쟁 프로그램이라는 느낌이 드는 것은, 그간 윤석열 정권이 보여온 전체주의적 국내 정치와 퍼주기식 대일, 대미 외교에 기인한다.

이렇게 써놓고 보니 슬픔이 밀려온다. 독립군을 향한 공격을 개시한 주체가 다름 아닌 대한민국 육군이 아닌가. 어떠한 말로 포장하고 변명하더라도 우리 군이 독립군을 향해 총질을 시작한 것은 명백한 사실이다. 애초에 육군은 육사 내에 설치된 홍범도, 지청천, 이회영, 이범석, 김좌진 등 다섯 분의 독립전쟁 영웅 흉상을 철거하겠다고 했다. 육군이 내세운 근거는 육사보다 독립기념관이 이 다섯 분의 독립운동가를 모시기에 더 적합하다는 것이었다. 물론 그것은 구실이었다. 이 계획이 국민적 저항에 부딪히자 육군은 홍범도 장군 한 분의 흉상만 철거하겠다는 방향으로 교묘하게 이념전쟁 프레임을 만들었다. 곧이어 국방부 청사 앞의 홍범도 장군 흉상 철거가 도마 위에 올랐다. 이념전쟁 프레임의 강화책이다. 그러나 육사 독립전쟁 영웅실 철거 계획이 드러나면서 이념은 껍데기일 뿐이고 실체는 독립운동 자체의 말살이 목표임을 여실히 보여주고 있다. 자, 이 대목에서 우리는 홍범도 장군이 어떤 인물인지 살펴볼 필요가 있겠다.

백발백중! 일격필살!

홍범도 장군을 부를 때 우리는 먼저 이 말을 생각한다. 홍 장군은 사격의 명수였다. 그가 쏜 총알은 단 한 차례도 빗나간 적이 없었으므로 사람들은 그를 일러 백발백중이라 했다. 그는 우리 민족에겐 영웅이었지만 일본군에겐 몸서리쳐지는 악귀와도 같았다. 눈앞에 있다가도 없어지고, 없어졌다가도 금세 다시 나타나 총질을 해대는 홍 장군이 일본군의 눈에는 몸을 쪼개고 나누는 것처럼 느껴졌다. 축지법을 쓴다는 소문도 돌았다. 그리하여 일본군은 그를 일러 펄펄 나는 비장군(飛將軍) 홍범도라고 부르며 무서워한 것이다.

홍 장군은 특이하게 양반 유생 출신이 아닌 포수 출신의 의병장이었다. 그가 의병이 된 계기는 1895년 명성황후 시해 사건이었다. 명성황후가 일본 낭인들에 의해 처참하게 살해됐단 소식이 퍼지자 전국 각지에서 의병이 일어났다. 을미의병이었다. 이때 홍 장군은 강원도 회양군 포수 김수협과 의기투합 의병을 일으키고 강원도 원산 철령에서 12명의 일본군을 사살하는 첫 전과를 올린다. 1907년 일제는 '총포 및 화약류 단속법'을 공포하고 포수들의 총을 회수하려 하였는데, 홍 장군은 500여 명의 산포대(山砲隊)를 조직하고 일본군과 본격적인 전투를 펼치게 된다. 북청 후치령(厚峙嶺)에서 시작된 홍범도 부대의 무장투쟁은 갑산(甲山), 삼수(三水), 혜산(惠山), 풍산(豊山) 등지에서 유격전으로 일본군 수비대를 격파하기에 이른다. 이른바 빨치산 영웅 홍범도는 이렇게 해서 탄생하게 된 것이다.

1908년은 홍 장군에게 최대의 시련을 안겨준 한 해였다. 그해에 그는 가족을 모두 잃었다. 일본군에게 납치된 아내는 감옥에서 모진 고문을 견디지 못하고 죽음을 맞이했다. 3월이었다. 귀순하면 백작 벼슬을 주겠노라고 꼬드기는 일본군의 회유에 홍 장군의 아내는 이렇게 일갈했다고 한다.

"계집이나 사나이나 영웅호걸이라도 실 끝 같은 목숨이 없어지면 그뿐이다. 내가 설혹 글을 쓰더라도 영웅호걸인 그는 듣지 않을 것이다. 너희는 나더러 시킬 것이 아니라 너희 맘대로 해라. 나는 아니 쓴다."

이 얼마나 영웅적인 언사인가. 그 남편에 그 아내다. 함께 납치됐던 홍 장군의 큰아들 양순은 어머니가 쓴 것처럼 꾸며진 회유 편지를 들고 아버지를 찾아가게 된다. 일본군의 공작이었다. 과연 그의 아내가 예언한 것처럼 크게 노한 홍 장군은 "네가 나를 망치려 하느냐?"라고 소리치며 아들 양순을 향해 총을 발사했다. 백발백중, 일격필살의 사격술은 그러나 양순의 귓불을 스치는 것으로 끝난다. 아비의 마음으로 차마 아들을 죽일 수는 없었을 것이다.

16살짜리 소년은 아버지를 따라 의병이 됐다. 함흥 신성리 전투, 통패장골 쇠점거리 전투, 하남 안장터 전투, 갑산 간평 전투, 구름을령 전투, 괴통병 어구 전투, 동사 다랏치 금광 전투 등에서 의병으로 활약하던 홍양순은 1908년 여름, 정평 바맥이 전투에서 전사했다. 홍범도 부대의 중대장으로서 의병들 맨 앞에서 진두지휘하던 홍 장군의 큰아들은 그렇게 당당한 죽음을 맞이한 것이다. 그리고 그해 겨울 일본군의 추격을 피해 이동한 연해주에서 작은아들마저 폐병으로 유명을 달리한다. 아마도 1920년 여름의 봉오동전투와 겨울의 청산리전투는 홍 장군의 아내와 두 아들의 영혼이 함께한 전쟁이었으리라.

일본군은 활발한 독립군의 활동에 위협을 느끼고 이들을 소탕할 방법을 고심하던 때였다. 이에 홍범도가 이끄는 대한독립군과 김좌진, 나중소, 이범석이 지휘하는 북로군정서는 긴밀히 연락하며 협동작전을 계획했다. 회의에서 일본군과 싸워야 한다는 홍범도의 주전론과 싸움을 피해야 한다는 피전론이 맞서다 피전론이 채택되었다. 하지만 10월 17일 새벽 야마다, 아즈마 일본군이 청산리 골짜기로 밀려들었고 일촉즉발의 순간에 홍 장군은 다시 주전론을 관철시킨다.

"호랑이한테 쫓기지 말고 우리가 먼저 그 호랑이를 잡도록 합시다."

이 회의에서 홍범도 장군이 내놓은 전술은 선제공격이었다. 청산리 부근의 유리한 지세를 이용하여 기습공격으로 일본군의 공격이 있기 전에 먼저 적의 선두부대를 공격하자는 의견이었다. 참으로 다급한 일촉즉발의 순간에 홍 장군의 의견이 전폭적으로 지지를 받고 당당히 채택되었다. 소극적인 피전책이 과감한 선제공격으로 바뀌는 감격적인 순간이었다. 전체 독립군 연합부대의 공동작전이 결정되고 모든 준비는 서둘러 완료되었다. 이젠 죽느냐 사느냐 한판 승부의 길만이 남아 있을 뿐이다. <민족의 장군 홍범도 582쪽>

청산리대첩에서 홍장군이 차지하는 비중을 잘 설명해주는 대목이다. 임진왜란에 이순신장군이 있었다면 일제강점기에는 홍범도장군이 있었다고 할 만큼 위대한 업적을 세웠지만, 노비 출신에다 구소련 영내에서 살다가 돌아가신 분이라는 점 때문인지 장군 홍범도를 의도적으로 소외시키고 폄훼했던 부끄러운 과거가 있다. 그런데 그

망령이 육군사관학교 교정에 세워진 홍범도 장군 흉상 철거라는 모습으로 되살아나고 있다.

 홍 장군이 독립운동하던 시절의 공산주의와 자본주의는 요즘 생각하는 것과는 차원이 달랐다. 독립운동에 뜻을 품을 사람은 이념이 중요한 게 아니라 대한독립을 위한 도움을 줄 수 있다면 어떤 진영의 도움도 절실했다. 서재필 박사 같은 분은 미국의 도움을 받았고 김구 선생의 임시정부는 중국의 도움을 많이 받았다. 북간도와 연해주를 무대로 활동한 홍범도 장군은 구소련의 도움을 많이 받았을 것이다. 무기와 식량, 군자금을 지원받기 위해서라면 그들이 원하는 무언가를 해야만 했을 것이다. 1945년 해방되기 전까지 소련은 연합국으로서 미국, 프랑스, 중국과 함께 우리 진영이었으며 일본과 독일, 이탈리아 등 추축국 세력은 우리의 적이었다. 군국주의, 나찌즘, 파시즘으로 대표되는 그들의 이념은 전체주의였는데, 요즘 윤석열 대통령의 입에서 자주 나오는 단어가 전체주의라니 참으로 아이러니하다.

 이런 사실들을 통해 볼 때 홍범도 장군은 우리 군의 자랑이요 민족정신의 표상이라 할 만하다. 그런데도 대한독립군 총사령관 홍범도 장군의 흉상을 육사 교정에서 철거하겠다고 하는 세력의 선봉에 대한민국 육군과 국방부가 섰다고 하니 참담한 일이다. 선(善)의 편이었던 미국, 소련, 중국, 영국, 프랑스와 함께한 홍범도 장군을 이렇게 대접하면서 악(惡)의 편인 군국주의 일본에 충성을 맹세하고 행동했던 사람들에 대해선 한없이 너그러운 사람들에게 과연 홍범도 장군을 맡겨둘 수가 있을까. 혹자는 홍범도 장군의 흉상을 이전하려거든 박정희, 백선엽부터 일본 야스쿠니 신사에 보낸 후에 하라는 독설을 뿜지만, 꼭 그런 말까지 하고 싶지는 않다. 과거에 저지른 잘못과 이후에 세운 공이 있다면 그에 대해선 따로 논해야 한다는 것이 내 생각이다. 다만, 나라가 지켜주지 않는 홍범도 장군을 우리 스스로가 지키자고 말하고 싶은 것뿐이다.

그리하여 나는, 홍범도 장군의 흉상을 최신예 잠수함 홍범도함의 모형이 있는 진해에 세우자고 제안한다. 그리고 홍범도 순례단을 조직해 카자흐스탄 크즐오르다에 가서 커다란 충격과 실망감에 상처 입은 카자흐스탄 거주 동포들에게 용서를 구하고 위로와 감사의 뜻을 전달해야 한다고 생각한다. 이 일을 추진하기 위해 우리 창원의 독립운동 길을 만들어 매달 순례단을 조직하는 일부터 시작하는 작은 실천이 필요할 수도 있다. 홍범도 장군과 독립의 제단에서 산화한 많은 독립운동가들을 기리며 우리가 순례 길에 나선다면 그 의미가 얼마나 크고 깊겠는가. 그 순례단이 진해에 들어와 홍범도 장군의 흉상에 경례하는 모습은 상상만으로도 가슴이 뛰는 벅찬 일이다.

상상을 현실로 만들기 위해 바로 지금, 행동하는 일이 필요하다. 김대중 대통령의 "행동하라!"와 노무현 대통령의 "혁신하라!"로부터 우리의 행동강령은 시작돼야 한다. 작지만 실천하는 것, 그것이 우리가 할 일이다.

지역 공공의대
설립해야 하는 이유

왜 지역 공공의대인가? 왜 지역의사제가 필요한가?

문재인 정부 때 추진했던 의료개혁 입법은 의사단체들의 저항에 부딪혀 실패했다. 의사단체들의 동맹파업(엄밀히는 동맹휴업)과 의대생들의 동맹휴업에다 국민의힘 당의 미온적 태도까지 겹쳐 좌절된 것이다. 나는 2022년 지방선거에서 창원시장에 도전하며 지역 공공의대 창원 유치를 공약했지만, 재선에 실패함으로써 그 추진 동력을 상실한 전례가 있다.

그런데 윤석열 정부와 국민의힘 당이 다시 의대 정원 확대를 들고 나왔다. 강서구청장 보궐선거에서 17.15%라는 엽기적인 차이로 참패하자 이념 대결 프레임에서 민생 프레임으로 전환할 필요성을 느꼈기 때문이라는 해석도 있지만, 그렇더라도 이는 매우 필요한 일이다. 그러나 의료개혁의 핵심은 정원 확대에 있지 않다. 정원이 확대된다고 해서 지방 의료인력 부족 문제가 해결되는 것은 아니기 때문이다. 아니 오히려 의대 정원이 확대되면 그 수만큼 수도권으로 몰리는 의사 수만 늘어날 것이란 우려도 존재한다. 의사들에게 슈바이처 정신이나 도덕 재무장 같은 걸 요구할 수야 없지 않은가.

공공의대에 대해 비판적 시각도 있다. 특히 현직 의사들의 불안과 불만이 크다. 내가 아는 의사 중에도 이 문제에 대해 매우 비판적인 분이 있다. 상당히 진보적 시야를 가진 그 의사는 이 논쟁에 대해서만큼은 일절 타협의 여지가 없는 듯하다. 충분히 이해한다. 사실은 내 바로 위 형도 의사다. 그는 부산에서 개인병원을 운영하고 있다. 그에게 물어보면 뭐라고 대답할까? 물론 "말도 안 되는 소리!" 단박에 날 선 칼날 박힌 소리가 튀어나올 것이다.

'언제 어디서나 공백 없는 필수 의료 보장'을 목표로 국립대학병원 등을 중심으로 필수 의료 전달체계를 강화하겠다는 정부의 복안은 필요조건이기는 하다. 그러나 충분조건은 되지 못한다. 공공의대가 함께하지 않는 의료인력 확충이란 얼마나 공허한 탁상공론인지는 당장 의료인력 확대에 반대하는 의료계의 주장에서도 그대로 확인된다. 그것이 인심이다. 새롭게 충원된 의사들의 마음이 현재 의사들의 인심과 다르리라고 기대하는 것은 난센스다.

 의료계는 공공의대 설립과 의사 정원 확대를 강하게 반대하는 이유로 의사들의 권리와 자유를 침해하고 수입과 직업 안정성을 위협할 것이라고 주장한다. 또 의료계는 지역 간 의료불균형 문제는 정부의 의료인력 수급정책과 지역의 열악한 진료 환경으로 인한 구조적 문제라고 주장한다. 지역에 필요한 의사 인력을 확보하기 위해서는 필수 의료 분야의 수가 인상, 국립대학병원의 정원·임금 규제 완화, 지역병원의 인프라 개선 필요성을 제기한다. 공공의대 졸업생이 10년 동안 해당 지역에서 의무 복무를 하게 되면, 그 이후에도 해당 지역에서 계속 활동할지 불명확하다고도 말한다. 공공의대 졸업생이 복무 기간이 끝나면 다른 지역이나 민간 병원으로 이동할 가능성이 크다는 것이다. 공공의대 졸업생에게 특정 지역에서만 복무할 수 있도록 강제하는 것은 헌법상 보장된 직업 선택의 자유를 침해하는 것이므로 공공의대 졸업생에게도 다른 의대 졸업생과 동등한 권리와 기회를 보장해야 할 것이라고 주장한다.

 의료계는 공공의대 설립과 의사 정원 확대는 의료서비스의 질 저하를 불러올 수 있다고 우려한다. 공공의대의 입학 기준과 교육 품질이 기존 의대보다 낮을 것이라는 걱정이다. 의료 자원의 낭비와 과잉 진료 유발도 걱정된다고 말한다. 공공의대 설립과 의사 정원 증원은 의료 분야 노동시장 불안정을 초래할 것이라고도 주장한다.

 모두 옳은 말이다. 그럴 수도 있고 그렇지 않을 수도 있다. 결과는 정확하게 예단하기 어렵다. 그러나 이처럼 우려되는 지점들을 예측하고 대비하는 것은 아주 좋은 일이다. 다만 해야 할 일을 하지 않는 우를 범해서는 안 된다는 것이다. 예컨대 지금 당장 필요한 것은 공공의대 설립과 의사 정원 증원인데, 이때 생길 수 있는 우려되는 지점을 해소하기 위해 지역의사제를 함께 도입하는 정책이 필요한 것이다. 무엇보다 가장 최근에 실시한 국회 보건복지위의 국민여론조사에 따르면 응답자의 80.8%가 의대 정원 확대와 공공의대 설립이 필요하다고 답했다. 또한, 응답자의 75.8%가 지역의사제 도입이 지역 간 의료불균형 해소에 도움이 될 것이라며 찬성했다. 이외에도 여러 기관이 의대 정원 확대와 공공의대 설립에 대한 국민 의견을 수렴한 결과, 대부분 50% 이상이 찬성하는 것으로 나타났다. 권역별로 보아도 서울 등 5개 대도시 지역과 그 외 지역 간에 큰 차이가 없었다. 결론적으로 지역 공공의대 설립에 대한 국민 반응은 일관되게 긍정적이며 의료격차 해소를 위해 필요한 조치로 인식하고 있다.

공공의대 설립과 의대 정원 증원을 주장하는 서울의대 김윤 교수의 발언은 매우 인상적이다. 그는 지역 의료격차, 인구당 의대 졸업 비율, 의료 취약지 거주 인구, 중증 응급질환 전원율 등의 데이터를 제시하며 공공의대 설립의 당위성을 강조한다.

우리 소상공인보다
남의 나라 전쟁이 더 중해?

반송시장에서 떡집을 운영하는 어느 상인의 푸념이다.

"상품권으로 손님들도 혜택을 많이 보시고 저희도 떡도 많이 팔리고 좋았는데, 이제 그게 줄어드니까 손님도 많이 줄었어요."

지역사랑상품권이 위기에 처했다. 2021년 1조2,522억 원, 2022년 7,053억 원이 지원되던 지역화폐 지원 규모가 2023년에는 3,525억 원으로 크게 줄었다. 그마저도 윤석열 정부가 전액 삭감해 국비 지원 예산을 '0'원으로 만든 것을 민주당이 절반이라도 살려낸 결과다. 2022년 11월 당시 내가 소장으로 있던 <여민연구소>도 소상공인들과 함께 '지역화폐와 지역순환경제 활성화를 위한 토론회'를 개최하는 등 여론전을 펼치며 지역사랑상품권 예산 복구에 자그마한 힘을 보태기도 했다. 그러나 그런 노력에도 불구하고 지역 상권은 많이 힘들어한다.

복수에 칼을 갈았을까? 정부는 2023년 10월 20일 국회 기획재정위원회 국감에서 추경호 경제부총리 겸 기재부 장관은 "지역화폐를 반대한다. 지역에서 도움이 되는 곳은 지방자치단체에서 알아서 결정하는 것이 맞다. 국가가 현금 살포식으로 보조금 주듯이 전방위로 하는 것은 안 맞다"라고 잘라 말했다. 민주당이 어렵사리 복구한 지역화폐 예산을 다시 '0원'으로 되돌리겠다는 선언이었다.

기재부 장관의 복수심은 그렇다 치자. 지역화폐(지역사랑상품권)의 효과를 검토하는 연구 용역에서 긍정적인 결과를 받았음에도 내년도 예산에 지역사랑상품권 예산을 단 1원도 반영하지 않은 행안부는 도대체 어떻게 된 일인가. <한국행정안전연구원>은 행안부의 지역화폐 관련 용역 의뢰에 2022년 6월부터 2023년 1월까지 연구를 진행했다. 그 결과는 지역사랑상품권을 발행하면 매출과 고용이 늘어나는 효과가 있다는 것이었다. 기초지자체가 발행하는 상품권이 1%포인트 증가하면 적용 대상으로 분류한 업종들의 평균 매출액은 8.33% 늘어나는 것으로 나타났다. 상품권이 1%포인트 증가할 때마다 평균 종사자 수는 2.1% 늘어났다.

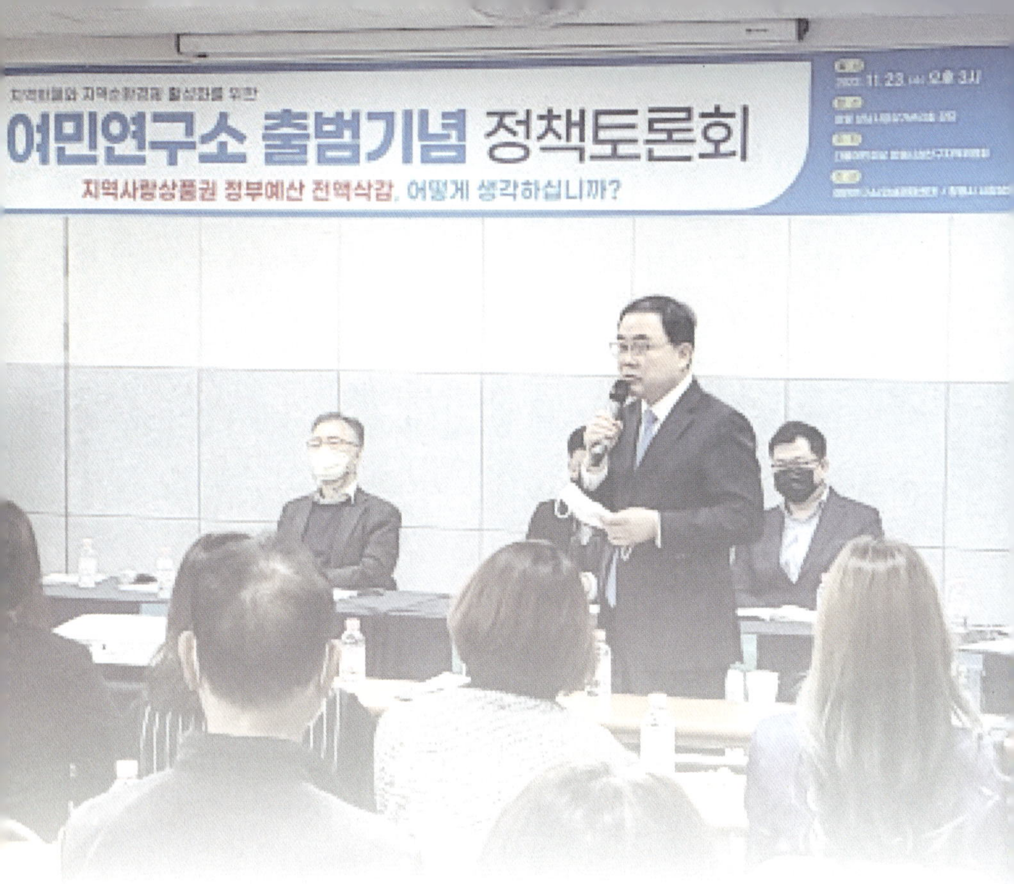
여민연구소 출범기념 정책토론회
지역사랑상품권 정부예산 전액삭감, 어떻게 생각하십니까?

여민연구소 출범기념 정책토론회
김석호

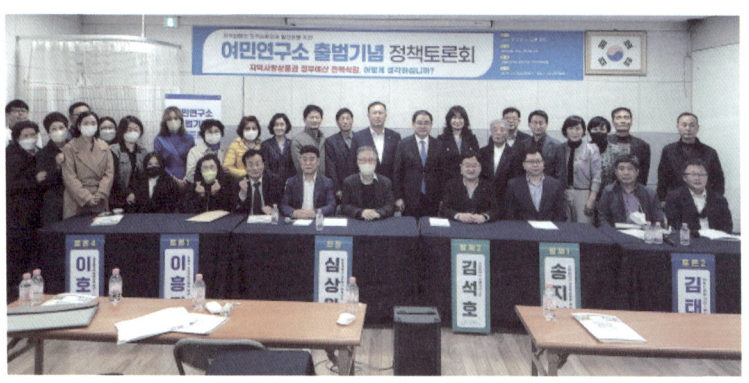

지역 균형 발전 측면에서도 지역사랑상품권은 효과가 있었다. 용역 보고서는 인구 밀도가 낮고 면적이 작은 지역일수록 상품권 공급 비율 증가에 따른 추가적인 매출액 증대 효과가 높다고 적었다. "국비 지원 과정에서 인구 감소 지역 등 소규모의 열악한 지자체에 대한 적극적 지원이 상품권의 효과성 제고 측면에서도 긍정적일 것으로 판단한다"라는 의견도 제시됐다.

그러나 행안부는 이를 무시하고 단 한 푼의 지역화폐 예산도 편성하지 않았다. 행안부에 올린 편성안을 기재부가 자른 것이 아니라, 행안부가 아예 처음부터 편성 자체를 하지 않은 것이다. 그럴 거면 뭐 하러 비싼 돈 들여 용역발주를 한 것일까? 이런 경우에 뭐라고 해야 하는지 모르겠다. 직무 유기라고 해야 하나, 아니면 직권남용이라고 해야 하나.

행안부의 속도 기재부의 속도 도무지 알 수가 없다. 전 정권이 이룬 업적이라든가 경쟁자인 이재명 민주당 대표가 만들어낸 정책에 대해서는 무조건 짓밟고 보겠다는 악의에 찬 윤석열 대통령의 심기를 살핀 결과가 아닐까 하고 짐작해보지만, 정말 그래서는 안 되는 거 아닌가 하고 다시 고개를 흔든다.

남의 나라 전쟁에는 3조나 지원하면서 우리나라 소상공인을 위한 지역화폐에는 단 한 푼도 쓰지 못하겠다는 정부에 그저 한숨만 나온다. 곧 예산 국회가 열린다. 민주당 등 야당이 큰맘 먹고 싸워야 할 듯하다. 이 정부의 발언 수위를 보니 만만치 않아 보이니 하는 말이다.

엑스포 유감

올림픽, 월드컵과 함께 세계 3대 이벤트라 하는 엑스포 유치전이 허무하게 막을 내렸다. 결과는 사우디아라비아에 119대 29의 예상도 못 한 참패였다. 문제가 생겼을 때 사과하고 머리 숙이는 것을 수치로 여기는지 한 번도 국민들에게 진정성 있는 사과를 하지 않았던 윤석열 대통령이 결과 발표 당일에 신속히 사과한 것을 보면 정부 당국에도 이 분세를 꽤 심각히 받아들이고 있다는 생각이 든다.

모든 승부에는 승자와 패자가 있으니 결국에 엑스포 유치전의 결과 또한 그리 놀라운 일은 아니다. 애초에 우리가 오일머니를 앞세워 저개발 국가들에 물량 공세를 퍼붓는 사우디아라비아를 1차전에서 이길 수 있으리라는 기대는 하지 않았던 듯하니 말이다. 다만 모든 싸움은 냉철한 현황 파악과 철저한 정보 분석을 바탕으로 최선의 전략이 세워져야 한다. 이를 기반으로 전투에 임해 최선을 다했을 때 그 결과가 비록 패배라 해도 수긍할 수 있는 것이다. 그런데 패배에 대한 정부 관계자들의 구구한 변명은 낯부끄러운 수준이다.

'졌 잘 싸', 요즘 유행하는 줄임말로 졌지만 잘 싸웠다는 뜻이다. 하지만 이 말은 때로 루쉰의 소설 '아큐정전'에서 아큐가 즐겨 썼던 정신적 승리법의 현대판일 수도 있다. 현실에서는 졌지만 정신적으로는 내가 이겼다는 이 괴상한 논리는 패배를 인정하고 싶지 않은 패자들이 변명처럼 쓰는 말이기도 하다.

제일 먼저 이 말이 언론을 도배했고 집권 여당의 대표는 급기야 또다시 문재인 정부를 소환했다. 문재인 정부 시절에 일찍 유치전에 뛰어들지 않은 것이 패배의 원인이라는 것이다. 도대체 이 정부는 실패할 때마다 언제까지 문재인 정부를 끌어들일지 참 희한하다 싶다.

과연 이번 유치전이 '졌잘싸'란 말에 어울릴 만큼 명승부였던지 먼저 진지한 반성이 있어야 한다. 물론 아예 성과가 없지는 않았던 것은 분명하다. SK, 삼성, 현대차 등의 기업이 전면에 나서서 국가의 유치전을 도왔고 전 국민이 희망을 품고 한마음으로 응원의 기회를 가졌던 것은 좋은 일이다. 그리고 유치전의 과정을 통해서 전 세계에 부산의 이미지가 제고되고 위상이 높아진 것 또한 부인할 수 없는 성과이다. 하지만 여기서 만족하기엔 우리가 입은 내상이 너무 크다. 보도에 따르면 유치단의 전략은 1차전에 70여 표를 득표하여 본선 투표에 가서 막판 뒤집기를 하는 것이었다 한다. 투표 전날에는 마치 그 시나리오가 현실화 되기라도 하는 양 국민들을 호도하기도 했다. 희망을 가진 싸움에 임하는 장수의 발걸음이 가벼울 것은 두 말 할 나위가 없다. 하지만 그 모든 예상은 한낱 기대에 불과한 허상이었음을 투표 결과는 가감없이 보여 주었다.

우리가 진 것은 사우디아라비아의 물량 공세만은 아니었던 듯하다. 유치전의 마지막 프레젠테이션은 그야말로 우리의 패배라 여겨졌다. 사우디아라비아가 미래가치에 초점을 맞추며 연사 또한 변화하는 시대에 맞는 주제와 연사를 내세웠지만 우리나라는 한류 연예인을 앞세운 보여주기식 프레젠테이션을 선보였다. 사우디의 모든 연사들이 하나의 주제를 향해 일관성 있게 이상과 비전을 제시했다면, 우리나라는 공허한 희망의 보여주기식 PT를 했다는 평가가 많았다. 이런 참담한 현실을 보수 신문들도 외면할 수 없었던 것 같다.

조선일보는 〈'엑스포 올인' 분위기에… 정부도 기업도 객관적 보고 못해 오판〉 기사에서 "정보 수집과 판단 역량에서 문제를 드러냈고, 대통령이 앞장선 '엑스포 올인' 분위기 속에서 객관적 보고가 이뤄지지 않았다는 지적이 나온다. 이를 가다듬지 않으면 훗날 주요 국제 행사 유치전을 벌일 때에도 잘못된 판단으로 국력을 낭비할 수 있다"고 했다.

동아일보 또한 "우리 편이라 판단했던 국가 상당수가 실제로는 사우디아라비아 쪽으로 기울었다"는 정부 고위 관계자 발언을 인용했다. 최소 50개국의 지지를 확신해 '1차 투표는 어쩔 수 없더라도 2차에선 한국을 지지해달라'는 교차투표 전략까지 폈던 것으로 나타났다. 대통령실 관계자는 동아일보에 "새벽 엑스포 표결 결과가 기존에 보고받은 표결 정세 판단과 다르게 나오자 (윤 대통령이) 격앙된 것으로 안다"고 말했다.

12월 4일 외교 전문매체 <디플로매트>는 부산 엑스포 유치 실패에 한국 국민이 화가 난 이유는 "부산이 크게 패한 것보다 이번 결과가 윤석열 정부의 자만심과 잘못된 확신의 결과로 벌어졌기 때문"이라고 분석했다고 한다.

매체는 대부분의 사람들은 리야드가 다음 엑스포 개최지로 선택될 것이라고 예상했고 뉴스나 언론 매체의 기사 등도 리야드가 유리하다고 봤다고 당시 상황을 전했다. 그러나 "한국 정부와 언론만 완전히 다른 이야기를 하고 있었고 한국인들이 이걸 믿었다"며 "집단적 편견, 확증편향에 빠져 있었다"고 진단했다. 매체는 "윤석열 정부가 접근 방식을 정리할 때다. 세계 엑스포 유치 투표는 한국의 외교, 전략, 정보가 모두 뒤죽박죽이었다는 점을 드러냈다"고 혹평했다.이 뉴스는 12월 6일의 프레시안 외신 "엑스포 유치 실패, 윤 정부의 '뒤죽박죽' 외교 보여줬다" 기사에 보도됐다.

이런 결과는 어쩌면 준비과정에서 일찍이 예견된 것일 수도 있다. 이 결과에 대해 문재인 정부 시절 대부분의 국제 행사를 담당했던 탁현민 전 비서관은 지역적으로는 부산에, 그리고 정치적으로는 여당 혹은 보수 편향 인사들로 전체적인 판이 짜진 결과라고 말했다. 전문가 의견 구하고 PT 같은 것도 맡기지만 결정적 판단들은 비전문가들이 앉아서 하기 때문에 결국은 전문성은 사라지고 비전문가들의 취향만 남게 되는 것이라며 비판했다. 그리고 궁극적으로는 이 행사 유치를 전 국민의 기쁨과 성취가 아니라 대통령의 성과로 남기려 한 욕심에서 더 큰 무리수를 둔 것이라 일갈했다.

한 술 더 떠 유치 자문을 맡았던 김이태 부산대 교수는 결과 발표

후 실패 원인을 '사우디의 왕권 강화를 위한 비전 2030, 오일머니 금권 투표'를 꼽기도 했다. 행사의 책임 있는 사람이 공개적으로 내뱉은 이 말은 상당한 외교적 결례가 아닐 수 없다. 이 말의 사실 여부를 떠나 이후에 올 외교적 후폭풍을 생각해야 하는데 그는 멋진 패자가 될 기회마저 감정적인 변명으로 잃고 초라하게 퇴장하는 결과를 자초했다. 최고의 외교성과는 명분과 실리를 동시에 얻는 것이지만 이것이 어렵다면 최소한 명분만은 지킬 수 있는 의연함을 보여야 한다. 그래야 후일을 도모할 수 있고 차선의 결과를 얻을 수 있는 것이다.

여러모로 미숙한 정부의 엑스포 유치전이 국민들에게 상처와 실망감만을 남기고 끝났다. 국민의 한 사람으로서 이 결과는 아쉽고 안타깝다. 하지만 다음 기회를 노려볼 생각조차 사치스러울 만큼 초라한 성적표의 이유를 분명히 따져보고 책임 추궁도 해야 한다. 잘 싸우지도 못하고 지는 일, 잘 싸우고도 지는 일이 반복되는 것은 엄청난 국력 낭비일 뿐이다. 분명한 계획과 전략으로 잘 싸우고 이기는 국가를 만드는 일이 우리의 몫이다.

이태원의 그날, 그리고 1년

　시간은 흐른다. 어제에서 오늘로, 그리고 내일로 쉼 없이 흐르는 시간이 더러 아쉽고 때로는 야속하지만 누구나 이 공평한 흐름 속에서 제 몫의 생을 누리고 사는 것이 인생이니 그저 그 수긍할 수 밖에 없다. 하지만 가끔은 시간이 멈추어 주기를, 아니 한 시간 전으로만 되돌릴 수 있기를 간절히 바라게 되는 경우도 있다.

　한국의 가장 아름다운 계절은 10월 말 경의 늦가을이다. 생명들이 성장을 멈추고 조용히 갈무리되는 시절, 하늘은 푸르게 높아지고 공기는 투명하고 서늘해지는 이 시기를 나는 사랑한다. 하지만 작년 10월 29일, 이태원 거리, 대한민국 서울의 한복판에서 꽃보다 아름다운 청춘들이 서서 죽는 참사를 겪은 이후에 나의 늦가을 사랑에는 비통과 아픔이 더해졌다. 그날 늦은 시간까지 업무에 몰두하던 나는 자정이 넘은 시간 뉴스를 확인하기 위해 텔레비전을 틀었고 화면 속에서 도무지 이해할 수 없는 현실을 마주해야 했다.

그 때의 기억은 아직도 자식 키우는 아버지로서, 또 한 도시의 시정을 책임졌던 시장으로서 서늘한 아픔으로 남아있다. 하지만 사태를 직시해야만 고통을 뛰어넘는다는 것은 트라우마 치료의 정석이다. 우리는 시간의 흐름 속에서 어느덧 이태원 사고 1주년을 맞았다. 여전히 가슴 깊숙한 곳에서 통증이 차오르지만 다시는 이런 비극을 되풀이하지 않는 방법은 사태의 원인을 직시하고 사고를 미연에 방지하는 노력을 기울이는 수밖에 없다.

작년 10월 29일 토요일, 서울특별시 용산구 이태원동 이태원 세계 음식 거리의 해밀튼호텔 서편 골목에서 할로윈 축제로 수많은 인파가 몰린 와중에 압사 사고가 발생했다. 이 사고로 인해 196명이 부상을 당하고 159명이 사망했다. 이것이 이태원 참사의 간략한 개요이다. 하지만 이 몇 줄의 글로 사태를 규명하기에는 너무 많은 이면들이 존재한다.

사고 당일 오후 10시경, 이태원 세계 음식 거리 해밀튼호텔 서측 골목 저지대 중간의 5.5평 공간에서 병목 현상이 일어나 행인끼리 우왕좌왕하는 과정에 서로 뒤엉켰고 점차 밀집되는 상황에서 불편한 자세를 유지한 채 응급 구조를 기다려야만 했다. 이런 상황 속에서 해밀튼호텔 북서측 이태원 세계음식거리 삼거리에서는 20분 만에 막대한 인파가 빠르게 유입되는 바람에 공간의 상황은 순식간에 심각해져만 갔다. 사고 초반 뒤쪽 인파였던 사람들도 앞쪽으로 누적

되어 갔고 뒤쪽 인파에서 세 차례 정도 밀치자 사람들이 우르르 넘어졌다. 이른바 '연쇄 깔림'현상으로 인해 앞쪽 참변이 가중됐다. 이때의 충격량이 대략 18톤 정도라 하니 아래쪽에 깔린 이들에게는 압력이 얼마나 극심했을지 짐작이 간다.

설상가상으로 트래픽 과잉으로 인해 전화와 데이터 통신까지 먹통이어서 뒤쪽 인파는 그저 멈출 줄 모르며 내려오고만 있었다. 이런 상황 속에서 앞쪽 인파에서 청색증 및 구토 현상이 눈에 띄게 증가했다. 산소부족과 장기파열의 신호였다. 일제히 '뒤로! 뒤로!'라고 소리쳐 뒤쪽 인파가 역행하여 빠져나갔으나, 이미 300여 명의 사상자가 서로 엉긴 채 의식을 잃고 쓰러져 있었다 한다. 이들은 좁은 공간에 몸이 끼어서 빼내기조차 힘든 상황이었다. 일부 사람들은 이미 외상성 질식이, 밑에 깔린 사람들은 장기 파손으로 인한 복부 팽창이 진행되던 상태였다. 결국 5.5평의 좁은 공간에서 무려 150여 명의 사망자가 나왔다. 150명의 무덤치고는 지나치게 협소한 곳에서 꽃다운 젊은이들이 이유도 알지 못한 채 유명을 달리했다. 이날의 사태는 시민의 신고를 철저히 무시하고 인파에 대한 대책을 세우지 못한 경찰의 안전 불감증과 무책임이 빚어낸 참사였다.

신고를 받고 출동한 구급차들이 접근하기엔 도로 상황이 원활하지 못했던 것도 사태를 키운 원인이었다. 영상 최초 신고 이후 40분 이상이 지난 23시가 돼서야 경찰의 도로 통제에 따른 구급차 진입이 비로소 원활해졌다고 한다. 문현철 숭실대 재난안전관리학과 교수는 라디오 방송에 출연해, 구급차가 들어오는 건 가능했지만 수많은 구급차가 서로 뒤엉키면서 인근 병원으로 빠져나가는 것이 지체

됐다고 말했다. 더구나 일부 구급차는 부상자가 아닌 사망자를 먼저 호송함으로써 살릴 수 있는 사람들조차 죽게 만드는 결과를 가져왔다니 이 사태가 과연 2023년 대한민국의 심장부 수도 서울에서 생긴 일이 맞는지 의문스럽기만 하다.

어떤 뉴스는 보도 전에 "참사 뉴스를 과도하게 반복해서 시청 시 건강에 해로울 수 있다는 신경정신의학회의 권고 사항이 있음을 알려드립니다"라는 사실을 알릴 정도로 이 사태가 우리 국민에게 남긴 상처는 컸다. 이 기막힌 상황 중 가장 아픈 사람은 두말할 나위 없이 생때같은 자식을 잃은 부모들이었을 것이다. 한 시간만 시간을 돌릴 수 있다면 영혼까지 팔겠다고 울부짖는 부모의 눈물은 보는 이의 마음까지 찢어놓을 듯 깊은 슬픔으로 다가왔다. 하지만 정부와 서울시는 어느 것 하나 시원히 사태의 원인과 방지책을 내놓지 못했고 세월호 때의 박근혜 정부처럼 감추기에 급급했다. 유족들에게 분향소 철수를 강요하면서 그 어느 누구도 이 사태를 책임지지 않았다.

다시 10월 29일을 맞았다. 그리운 이를 보내고 1년, 삼백예순다섯 날을 오로지 버티며 살아온 부모들은 또 한 번 가슴에 대못을 박는 정부의 행태에 분통을 터뜨려야 했다. 대통령은 이태원사태 사망자들을 추모한다 하면서 정작 추모식에는 모습을 드러내지 않았다. 추모예배로 추모의 념을 대신한다는 대통령은 타인의 아픔에 대한 공감이나 연민은 전혀 없이 형식적이고 의례적인 모습이었다. 희생자 가족들의 초청에 응하지도 않은 채 어디서 누구를 추모했는지 따져 묻고 싶은 마음이었다.

어떤 이들은 왜 남의 나라 귀신 잔치에 부화뇌동해서 사고를 당하느냐고 피해자들을 탓했다. 어이없는 일이다. 나는 정치란 국민과 함께 울어주는 일이라 생각한다. 고단한 삶의 굽이굽이 돌부리에 걸려 넘어질 때 돌부리를 모조리 치워주진 못해도 손잡아 일으켜주고 토닥여 주는 온기, 맞잡아주는 그 따뜻한 손이 바로 정치가 아닐까. 물에 빠진 사람에게 왜 수영을 안 배웠냐고 탓하기 전에 물에서 건져내서 수건으로 닦아주는 일을 먼저 하는 것이 바로 정치이다. 정부의 명백한 실수로 세월이 아무리 흘러도 결코 아물지 않을, 아물 수 없는 슬픔으로 고통받는 이들의 손 한번 따뜻하게 잡아주지 못하는 정부의 무정과 무능이 깊어가는 가을을 더 쓸쓸하게 만든다. 아쉽게 스러져 간 우리 아들 딸들, 꽃같은 젊은 영령들이 부디 영면하기를 바라며 명복을 빈다.

임금님 귀는 당나귀 귀

　임금님의 귀는 당나귀 귀처럼 크고 괴상하게 생겼다. 이 사실을 아는 이는 임금님의 왕관을 만드는 복두장이 뿐, 어디서도 말해선 안 되고 말할 수 없는 비밀에 그는 매일 속앓이를 했다. 결국 대숲에 가서 크게 '임금님 귀는 당나귀 귀'라고 외친 끝에야 그는 고통에서 벗어났다. 소문은 어찌 되었을까? 삼국유사의 기록에 보면 대숲에 바람이 불 때마다 그 소리가 메아리가 되어 울렸고 결국엔 백성들 모두가 알게 됐다 한다. 재미있는 옛이야기로 알고 있지만 신라 48대 경문왕 시절의 역사적 사실에 기반한 일화로 현대에도 함의하는 바가 큰 이야기이다.

　정부의 언론 장악 시도가 노골화되고 있다. 이명박 정권에서 언론 장악을 시도해서 국민들의 반발을 샀던 구시대 인물 이동관을 방송통신위원장으로 임명한 사실부터 속내가 훤히 들여다 보이는 일이었다. 언론 장악 시도는 거기서 그치지 않고 거침없이 나아갔다. 기존의 방송사 사장들을 차례로 밀어낸 정부는 자신들의 의도를 충실히 방송에 반영해 줄 스피커들을 기용했는데 그 대표적인 인물이 KBS의 박민 사장이었다.

그는 취임식을 하기도 전에 자신에게 주어진 사장이라는 칼을 휘두르며 망나니 칼춤을 추었다. 사장의 임명은 KBS의 입에 재갈을 물리는 일이었고 그들의 입맛에 맞지 않는 프로그램 진행자들은 시청자들에게 마지막 인사도 하지 못하고 즉시 교체되는 어처구니없는 사태가 벌어졌다. 과연 이것이 2023년, 자유민주 공화국을 자부하는 대한민국에서 일어난 일이 맞는지 의심스럽지 않을 수 없다.

지난 11월 13일 언론노조 KBS본부 등에 따르면 KBS 사내망을 통해 월~목 저녁 시간 KBS2TV에서 방송됐던 시사토크쇼 '더라이브'가 편성표에서 빠졌다는 소식이 전해졌다. KBS는 이날부터 '주진우 라이브'를 '특집 1라디오 저녁'으로 대체하고, 기존 진행자인 주진우씨 대신 김용준 KBS 기자를 진행자로 세웠다. 앓던 이도 이렇게 핀셋으로 뽑아내지 못하겠다 할 만큼 매몰찬 교체였다.

라디오 조합원들은 이날 성냉서롤 통해 전날 저녁 라디오센터장 내정자가 라디오 시사 프로그램 '주진우 라이브' 담당 PD에게 전화해 주진우씨의 하차를 통보했다고 밝혔다. 전날은 윤석열 대통령이 박 사장 후보자의 임명안을 재가한 날이다. 보도본부에서는 1TV '뉴스 9'를 4년간 진행해 온 이소정 앵커와 최경영 기자가 사직했고 '최강시사'를 맡아온 후임 진행자도 돌연 교체 통보를 받은 것으로 전해졌다. 그런가하면 보수의 입맛에 맞지 않는 대부분의 뉴스 진행자도 화면에서 자취를 감추고 말았다.

언론노조 KBS 본부는 이번 인사와 '더 라이브' 결방에 대하여 비분강개의 심정을 드러냈다. "박민 사장 취임 첫날부터 편성규약과 단체협약 위반 행위가 잇따르고 있다"며 강력하게 비판한 것이다. 강성원 언론노조 KBS본부장은 이날 "사장 취임도 전에 프로그램 출연진 교체를 지시한 정황이 확인되고 있다. 무리하게 강행하다 보니 9시 뉴스 앵커가 시청자와 마지막 인사도 못했다"며 "입사한 이래 처음 보는 일"이라고 한겨레 신문과의 인터뷰에서 밝혔다 한다.

기막힌 일은 연이어 일어났다. 방송에서 KBS 사장의 사과가 있었다는 보도를 보고 갑작스럽게 물의를 빚고 소란을 떤 데 대한 사과인 줄로 생각했더니 그동안의 편파방송을 스스로 인정하고 국민들에게 사과한 것이라 했다.

물론 KBS 내부의 구성원들의 심한 반발이 있었다. KBS 본부는 노사 단체협약과 편성규약에 따라 사측이 개편을 실무자와 협의해야 하고 긴급 편성 때는 교섭대표노조에 통보해야 하는데 이 같은 절차를 지키지 않은 점을 문제 삼고 이번 조치들이 방송 편성의 자유와 독립을 보장하고 누구든 방송 편성에 관해 규제나 간섭을 할 수 없다고 명시한 방송법에도 위배된다고 주장했다. 박민 사장 체제와 보직자들에게 법적 책임을 분명히 물을 것과 해당 행위를 한 보직자들에 대해 방송법 위반과 단체협약 위반 등 혐의로 고발할 것임을 밝혔다. 하지만 대통령의 전적인 신임을 등에 업고 정권의 나팔수가 되고자 작정한 이들에게는 거칠 것이 없었다. 그의 취임 이후 뉴스들은 한결같이 정권 찬양 일색이어서 마치 1980년대 5공 정권 시절의 땡전 뉴스를 연상하게 한다. 뉴스가 시작되는 차임벨이 울리면 언제나 '전두환 대통령은…' 하고 헤드라인을 방송하곤 했던 그때의 언론의 행태가 40년이 지난 지금 똑같이 재현되고 있는 것이다.

윤석열대통령의 언론 길들이기는 이미 여러 차례 국민들의 마음에 분노를 불러 일으켰던 바 있다. 저 유명한 '바이든, 날리면' 사건은 온 국민을 청각 이상자로 몰아갔고 결국 이 사건을 최초 보도한 MBC 소속 기자는 이후 대통령의 외국 순방 때 대통령 전용기에 타지도 못하는 수모를 겪었다. 그리고 대통령 관련 뉴스를 여과 없이 보도했다는 이유로 여러 언론사들이 고발당하는 사태까지 겪었으니 기자들이 정권 눈치 보느라 그야말로 대숲에 숨어서 임금님 귀는 당나귀 귀라고 외쳐야 할 판이다.

언론이 정권의 나팔수 역할에 머물러 있어선 사회가 건강하게 유지되지 못한다. 정권의 문제점을 비판하고 대안을 제시해야 할 언론이 달콤한 당의성만 남발하면 당연히 문제가 생길 수밖에 없다. 엑스포를 마치 우리가 유치할 수 있을 것처럼 정부에서 호들갑을 떨고 언론이 이에 동조한 결과 국민들이 국제 사회에서 수모를 겪은 일도 이 연장선에 있다. 언론은 대통령의 영어 프레젠테이션을 칭찬하며 아첨하기 바빴지 정작 정확한 현실의 판세는 읽지 못했다. 뿐만아니라 유치 실패 후에도 실패의 원인을 살피고 제대로 반성하지도 않았다. 대통령부인의 명품백 수수라는 엄청난 사건이 슬그머니 언론에서 자취를 감추고 만 것도 바로 이러한 데 연유가 있지 않나 싶다.

언론의 입을 틀어막고 건강한 민주사회를 기대하는 것은 어불성설이다. 아무리 감추려 해도 대숲에서 바람이 불 때마다 '임금님 귀는 당나귀 귀'라는 소리가 바람결에 들릴 것이고 은밀한 소문은 더욱 증폭되기만 할 것이다. '닭 모가지를 비틀어도 새벽은 온다'는 유명한 말이 있다. 닭이 울지 않아도 분명히 새벽은 온다. 하지만 닭이 정확히 제시간에 울어 새벽을 알려 준다면 사람들은 하루를 훨씬 계획적으로 시작할 수 있을 것이다.

정권을 합리화하기 위해 언론에 재갈을 물리는 어리석은 행위는 당장 멈추어져야 한다.

아이들과 함께하는 평화

오늘 아침 신문에서 한 아이의 출생 뉴스를 보았다. 사천에서 12년 만에 출생한 아이였다. 신문에서는 도내 분만 취약지의 현실을 절감한다는 내용을 다루고 있었다. 아기가 출생한 병원에 시장을 비롯해 시의회, 의, 약사회 관계자들이 달려가 축하했다는 이야기와 엄마 품에 안긴 아기 사진이 실려 있었다. 물론 사천에 아기가 12년 만에 이 아이 하나만 태어났다는 이야기는 아닐 것이다. 분만 가능한 병원이 그동안 없다가 새로이 생겼고 이 아이는 그곳에서 태어난 첫아기라는 말이리라. 하지만 우리나라의 저출산 현상을 보여주는 대표적인 사례같아 보여서 씁쓸한 마음 어쩔 수 없었다.

우리나라의 출산율 감소는 이미 세계적으로 유명하다. 얼마 전에는 외국의 한 신문에서 저출산으로 인한 한국의 인구감소가 저 중세 시대 유럽의 흑사병으로 인한 사망자에 비견할만 하다는 보도를 했다. 미국 뉴욕타임스(NYT)가 칼럼에서 한국의 합계출산율이 0.7명이라는 점을 들며 "흑사병 창궐 이후 인구가 급감했던 14세기 중세 유럽 시기보다 더 빠르게 한국 인구가 감소할 수 있다"고 했다. 이 신문 칼럼니스트인 로스 다우댓은 2일(현지 시각) '한국은 소멸하나(Is South Korea Disappearing?)'라는 제목의 칼럼에서 "한국은 선진국에서 나타나는 인구감소 문제에서 대표적인 연구 대상"이라면서 이같이 전했다는 것이다.

다우댓은 출산 부족의 원인에 대해 "자주 지적되는 것은 독특하고 잔혹한 학업 경쟁 문화"라면서 "정규 교육 위에 '학원(cram schools)'을 얹어 학부모의 불안과 학생의 불행을 부추기고 가정생활을 지옥으로 만드는 잔인한 경쟁 문화"라고 했다. 그러면서 "한국에서 벌어지고 있는 현상은 단순히 암울하거나 놀랍다는 것 이상"이라면서 "우리(미국)에게 어떤 일이 일어날 수 있을지에 대한 경고이기도 하다"고 했다.

우리의 현실에 대해 우리보다 더 정확히 지적한 이 사설 앞에서 부끄러움과 참담함을 동시에 느끼게 된다. 실제 젊은이들의 결혼을 가로막는 원인은 집 문제이고 결혼한 부부의 출산을 가로막는 원인이 교육비 문제라는 것은 주지의 사실이다. 우리나라보다 훨씬 합계출산율이 높은 일본에서는 이미 아주 파격적인 출산 지원대책을 내놓았는데 우리 정부는 이런 심각한 문제 앞에서 왜 머뭇대고 있는 것인지 답답한 마음이다.

중앙일보는 이 문제에 대해 12월 4일자 사설에서 '한국의 저출산은 속도와 지속 기간에 있어 전 세계적으로도 유례를 찾기 힘들 정도다. 2002년 처음으로 초저출산 현상(합계출산율 1.3명 미만)이 시작된 이래 20년 넘게 단 한 번도 1.3을 회복하지 못하고 추락을 거듭하고 있다. 3분기 합계출산율 0.7로 또 한 번 역대 최저를 기록하면서 올해 합계출산율은 지난해보다 더 떨어진 0.73에 그칠 것으로 예상된다. 저출산에 대응한다며 정부가 2006년부터 지금까지 쓴 예산이 무려 380조원에 달하지만, 출산 기피는 오히려 더 심화하고 있다. 숫자만 보면 그야말로 백약이 무효다. 원인과 해법을 몰라서라기보다 제대로 실천하지 못한 탓이 크다.'고 일갈했다.

그러면서 나름대로 해결책을 제시했는데 가령 저출산의 핵심 원인이 청년층이 겪는 경쟁 압력과 고용·주거 불안인 만큼 경쟁 압력을 낮추기 위한 제대로 된 지원책을 내놓고 노동시장 이중구조, 높은 주택 가격과 같은 구조적 문제에 대한 개혁을 동시에 한다면 출산율 상승을 견인할 수 있다고 제안했다. 또 부모와 법률혼 중심의 정상 가정을 전제로 하는 지원체계를 넘어 혼인 여부와 상관없이 아이 중심의 지원체계로 나아갈 것을 권유했다. 이런 방식으로 출산율이 0.2만 올라도 2040년대에 잠재성장률은 0.1%포인트 높아진다는 전망도 내놓았다.

1960년대 생들은 인구의 폭발기에 살았다. 집집마다 아이들로 넘쳐났고 골목에는 늦도록 아이들이 떠들고 노는 소리로 왁자했다. 우리집도 예외는 아니었다. 나는 육남매의 막내로 태어났다. 세분의 형과 두 분의 누님, 그리고 나까지 육남매의 집은 언제나 분주하고 활기가 넘쳤다. 우리는 대가족 속에서 나름대로 위계질서를 배우고 서로의 양육자가 되었다. 대가족 속에서 서로를 보살피고 서로에게 의지했다. 지금 나에게 가장 좋은 친구, 최고의 위로자는 바로 가족들이다.

인구 폭발기를 거치며 한국은 눈부신 경제 성장을 이루었고 지독한 가난을 극복했다. 하지만 정부의 인구정책 입안자들은 그리 현명하지 못했던 것 같다. 지금도 당시 날마다 외다시피 했던 가족 계획의 구호들이 생생히 생각난다. '덮어놓고 낳다 보면 거지꼴을 못 면한다.', '핵폭발보다 더 무서운 인구 폭발', '하나씩만 낳아도 삼천리는 초만원'... 이런 구호들이 마치 자식을 많이 낳는 것이 미개한 일인 양 수치심까지 심어주었다. 예비군이 정관 수술을 하면 훈련을 면제해주는 정책까지 사탕발림으로 내놓으면서 필사적으로 인구 증가를 막은 결과 불과 한 세대만에 엄청난 출산율 감소를 이루어냈다. 하지만 그 결과는 참담하고 기괴하기까지 하다. 사람에게 미래가 없는 것이 얼마나 끔찍한 일인가. 생물종에게 주어진 절대적인 과제는 종의 보존이라 하는데 우리 한국인들은 이 절대적인 생명의 법칙마저 철저히 무시하고 있는 셈이다.

어디 길을 가다가 아기들을 만나면 괜히 한 번 더 눈길이 가고 안아보고 싶은 마음이 든다. 내 아이들이 장성하여 혼인 적령기에 이르니 이런 마음이 더하다. 친구 들의 SNS에 올라온 손주 사진을 보면 부럽기도 하다. 하지만 청년들에게 무작정 결혼하라, 아이를 낳으라, 요구할 수도 없다. 이토록 극심한 경쟁사회, 이기심이 판치고 기본적인 생활조차 불가능한 사회에서 취업 걱정, 생계 걱정으로 점점 식물화되어가는 청년들에게는 사랑과 결혼, 출산은 그야말로 요원한 일이 아닌가 싶다.

안타깝게도 우리에게 주어진 미래의 모습은 그다지 희망적이지 않은 듯하다. 하지만 손을 놓고 있다가는 정말로 대한민국이 페스트의 습격을 당한 유럽처럼 인구감소로 지구상에서 사라지는 첫 번째 나라가 될지도 모른다. 어떻게 이토록 급작스럽게 떨어진 출산율을 높일 수 있을지 범국가적인 관심과 대책이 필요하다. 필요하다면 현금이든, 정책이든 전폭적이고 획기적인 지원을 해야 한다. 법과 제도를 정비하고 정말로 이 사회가 아이를 귀한 존재로 여기고 마을을 넘어 온 나라가 아이를 함께 기른다는 각오가 필요하다.

아이를 낳을 수 있는 환경을 먼저 만들고 출산 가능 연령대의 젊은이들을 적극 지원해야 한다. 청년들이 이 나라에서 아이를 낳고 기르고 싶도록 하는 일은 이 나라의 장래와 직결되는 일이며 우리가 바라는 대한민국을 만드는 바로미터이다. 아이들의 울음과 웃음소리로 평화롭고 희망찬 나라에서 손주들의 재롱을 보며 평안하게 늙어가는 할아버지가 되고 싶다. 그런 상상은 생각만으로도 행복하다. 이런 나라를 만드는 일에 나의 삶 한 자락을 기꺼이 바치고 싶다.

파란운동화 끈을 조이며

상처가 아무는 데 시간이 걸리듯 선거 패배의 후유증도 회복하는 데 다소의 시간이 걸렸다. 하지만 억지로 아픔을 이기려 하기보다 잠시 침묵의 시간을 가지기로 했고 그것은 나에게 무척 유용했다. 프라이팬에 눌러붙은 찌꺼기를 물에 불리듯 그렇게 상처를 내버려 둔 채 책을 읽고 천천히 걸으면서 나에게 다소의 시간을 주었다. 약간의 시간이 흐르고 내 안에서 작은 새싹 하나가 돋는 느낌이 들었다. 그 싹은 어서 물을 주고 잘 가꾸어야 할 희망이었다.

지난 지방 선거 후 만나는 사람들은 나에게 이제 무엇을 하며 살 것이냐고 물었다. 무엇을 하건 시민의 곁에서 우리 창원시의 발전을 위해 헌신하리라는 마음은 변함이 없었고 또 시장으로서 시민들께

받은 과분한 사랑에 대한 보답이라 여겨졌다.

　사람들은 나를 운동화 시장이라 불렀다. 우리 민주당을 상징하는 푸른색의 운동화를 신고 지구를 몇 바퀴 돌 만큼의 거리를 다니며 시정을 살피고 시민들과 소통한 데서 온 애칭이었다. 물론 시장으로 공식 석상에 갈 때 입는 옷이 대부분 양복이기에 구두가 훨씬 어울리기는 하다. 깔끔한 구두를 신고 양복 입은 내 모습을 보면 가끔 그럴 듯해 보이기도 했다. 하지만 나는 다소의 멋을 버리고 실용성을 택했다.

　실제 구두와 운동화는 착화감과 활동성에서 엄청나게 차이가 난다. 구두는 걷는 신발이요, 운동화는 달리는 신발이다. 새 구두를 신으면 가죽이 조금 부드러워지고 발에 맞게 신발이 변형되기를 기다려야 비로소 다소의 편안함을 누릴 수 있지만 운동화는 사이즈만 맞으면 신는 순간부터 곧바로 달릴 수 있는 기능적 존재이다. 물론 나도 시장이 되기 전에는 구두를 신고 다녔다. 하지만 워낙 잦은 출장에 하루에 수만 보씩 걷는 때도 있으니 운동화가 훨씬 낫겠다는 생각이 들었다. 색깔은 당연히 우리 당의 상징색인 파란색이었다.

　처음엔 양복에 운동화 차림을 의아해하던 사람들도 차츰 시간이 지나면서 나의 운동화 차림을 응원하고 지지했다. 때마침 유행도 바뀌어 여성들도 정장 차림에 공식처럼 신던 하이힐을 벗어 던지고 편안한 스니커즈 등으로 멋과 활동성을 동시에 추구하게 됐다. 이런 우연의 일치에 한 행사에서 만난 청년이 '우리 시장님 역시 패션 리더'라며 추켜세워 한바탕 웃었던 적도 있다. 이런 일이 반복되다 보니 파란운동화는 나의 상징물로 인식돼 오히려 구두를 신을 때 사람들이 더 의아해할 정도가 됐다.

워낙 활동이 많다 보니 튼튼한 운동화도 오래 버티지 못하고 바닥의 쿠션이 꺼져서 자주 새 신발로 바꾸어야 한다. 나는 낡은 운동화를 버리고 새 운동화를 살 때마다 잠깐 그 운동화와 함께 걸었던 길을 생각해 보곤 한다. 파란운동화가 걸은 길은 곧 정치인 허성무가 걸은 길이요, 시민의 아픔을 보듬은 길이며 내일의 희망으로 나아가는 길이기도 했다.

사람들에게 꿈이 뭐냐고 물으면 특정한 직업인이 되는 것이라는 이야기를 많이 한다. 의사, 교사, 은행원, 공무원, 과학자... 많은 직업군들이 사람들의 꿈의 대상이 된다. 하지만 나는 특정한 직업인이나 지위에 오르는 것이 꿈이라고 생각하지 않는다. 시장이 되고자 했고 또 국회의원이 되고자 했지만 그 자리 자체가 나의 꿈은 아니었다. 시장이 되었을 때 꿈이 이루어진 것이 아니라 비로소 나의 꿈이 시작됐다. 시민들의 아픔을 보듬고 토닥이는 시장, 그들의 요구를 귀 기울여 듣고 함께 문제를 해결해가는 시장, 시민의 먹거리를 책임지고 함께 번영의 도시를 만들어가는 그런 시장이 되고 싶었다. 꿈이 커질수록 나의 걸음은 빨라졌고 파란운동화는 더욱 바빠졌다.

죽을 만큼 노력했지만 결국 지난번 선거는 지역주의 바람을 이기지 못했고 파란운동화도 잠시 멈추어 섰다. 몇 날을 두문불출하면서 지내다가 문득 신발장에 가지런히 놓인 파란운동화에 눈길이 닿았다. 뒷축이 닳은 채 신발장에 놓여있는 게 마치 나 자신의 모습 같았다. 문득 어디선가 읽었던 책의 한 구절이 생각났다. 배는 항구에 매여 있을 때 가장 안전하지만 항구에 정착해 있는 것이 배의 존재 이유는 아니라는 글이었다. 아무것도 하지 않으면 아무 일도 일어나지 않을 터이지만 그것이 나의 존재 이유는 아니지 않나. 한 번의 패배로 주춤할 수는 있었지만 걸음을 멈출 수는 없는 일이었다.

아직도 나를 만나면 아까운 시장님이라 부르며 손잡아주시는 시민들을 위해 불안한 미래에 대한 걱정으로 고통받는 우리 젊은이들을 위해, 그리고 벚꽃 피는 순서로 망해간다는 지역 소멸 위기론에 대응하기 위해서라도 적은 힘이나마 보태야겠다는 생각이 마음 깊은 곳에서 솟아났다. 나는 허성무의 꿈이 이루어지는 곳에 시민의 행복과 웃음이 피어나기를 바라는 간절함으로 파란운동화 끈을 조여 신는다. 다시 한 번 꿈을 꾼다.

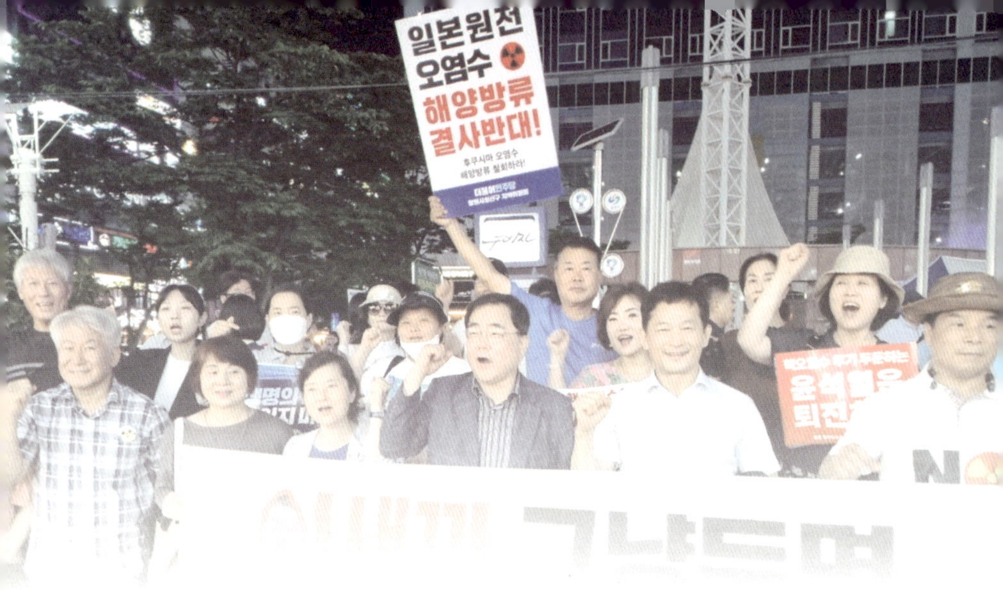
일본원전
오염수
해양방류
결사반대!
후쿠시마 오염수
해양방류 철회하라!
더불어민주당

이순신이 지킨 바다
경남도민이 지켜냅니다!
해양방류
결사반대!
국민건강
최우선
해양오염
NO
시키는
후쿠시마 원전
오염수 투기
절대 반대
국민건강
최우선
후쿠시마

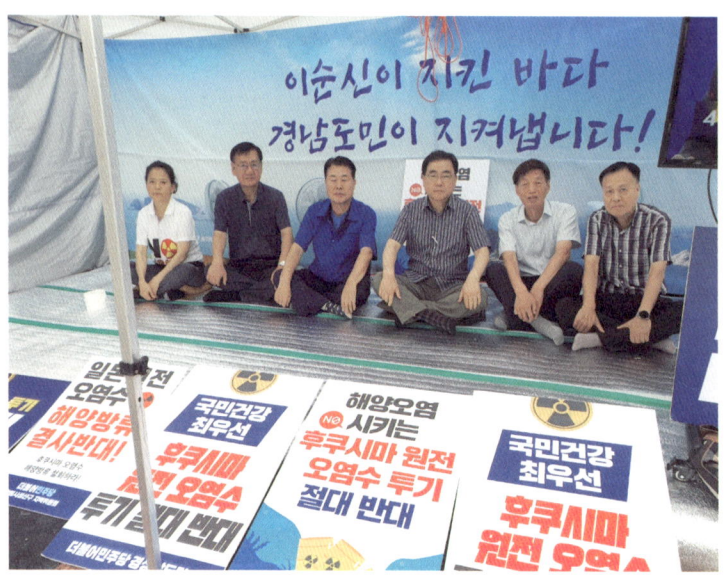

2부

내가 만난 허성무

기억하고 응원합니다.

김경년
창동아지매, 골목해설사

'사람 중심' 시민과 더불어 새로운 창원을 꿈꾸었던 허성무 시장님. 운동화 시장님

우리 모두가 기억하는 허성무 시장입니다.

"일은 진짜 잘했는데, 한 번은 더 해야 하는데..."

"일 잘하는 시장이라고 평생 처음으로 말한다. 사람이 참 부지런테~"

"말도 우찌그리 잘하더노~ 늘 웃는 얼굴이고~ 시장이라꼬 에럽게 대하지 않고 그쟈~"

"우짜끼고 ~ 그래도 당이 바꼈는데.."

동네 목욕탕 어무이들의 답답한 군말은 그렇게 허공에서 맴돌았습니다.

2020년 4월, 창동예술촌 뒤 골목으로 시장님이 들어섰던 시간을 기억합니다. 화려했던 시절, 청춘들이 수없이 드나들었던 곳이었지만 모두가 떠났고 마산의 마지막 시간 종점에서는 어둡고 악취와 화장실 기능을 대신했던 골목을 구석구석에 꽃과 나무를 심는 노력을 더하여 창동예술촌 방문객의 볼거리를 만들고 창동을 마음 해우소 같은 골목으로 거듭나게 하기 위한 많은 노력을 했습니다. 작은 하나의 매듭이 지어질 때마다 열리던 기념식에 허시장님은 늘 함께 하셨습니다. 거창한 행사가 아니었음에도 불구하고 어디든 일정을 챙겨 참석하시어 시민들에게 따뜻한 격려를 아끼지 않았던 시장님을 기억합니다. 사람이 사는 일은 사소함에서 비롯됩니다. 따뜻한 눈길, 다정한 한마디의 말, 그리고 말 없는 공감의 토닥임... 허성무 시장님은 이런 사소함의 위대함을 아시는 분입니다.

'백성과 즐거움을 함께 하다'라는 뜻으로, 시민과 동고동락하는 통치자의 자세를 비유하는 여민동락을 실천하는 한결같은 모습이었으며 언제 어디서든 시민과의 거리가 참 가까운 사람이었습니다. 그냥 이웃 같고 친구 같았던 사람, 함께 기뻐하며 소리에 귀 기울이며 '사람 중심' 시정 철학으로 시민 곁을 소중하게 생각하며 행동하는 모습이 한결같았습니다.

마산, 창원, 진해 지금은 창원특례시로 통합된 세 도시는 여전히 완전한 마음의 통합까지는 이루지 못한 듯합니다. 시민들은 제각기 다른 도시에 사는 것처럼, 아니 그렇게 13년을 서로 그런 듯, 아닌 듯 살아가고 있습니다. 저는 근대화가 시작된 아주 오래된 도시, 오래된 언덕, 오래된 시장, 오래된 골목을 삶터의 배경이 되어 살아가는 마산, 마산사람, 창동아지매입니다.

  육십 년 세월을 마산사람으로 두 발을 딛고 걸으며 살아가는 사람으로서 한 번도 나의 도시 그림을 그려본 적 없이 살았지만 지금은 안타까움이 큽니다. 어른이 되어가면서 정치가 보이고, 행정이 보이고, 힘 있는 자들이 보이기 시작하면서 도시의 그림이 이렇게 엉터리가 되어갔음에도 왜 분노하지 않고 방관하였는지 그저 가슴 답답합니다. 오직 저만의 한숨이라고 생각하지 않습니다. 도시를 균형 있게 서로 아프지 않게 하려는 행정, 지역민을 돌보고 배려하는 행정, 이렇게 시민을 사랑하는 마음을 가진 시장님이 있었던가? 그 물음에 자신 있게 소리쳐 화답할 수 없습니다.

  그런 도시에 살고 싶었습니다. 그런 마을에 살고 싶었습니다.
  버스와 자동차, 자전거가 안전하게 통행하고 보행자 도로가 확보되어
  차를 피하면서 걷지 않아도 되는 안전하게
  걷는 즐거움을 당연히 누리고 살 수 있는 마을,
  아이와 노인이 안전하게 쉴 수 있는 멋드러진 공간,
  주민이 마을에서 생활 운동을 마음껏 즐길 수 있는 공간,
  주민이 마을에서 생활 문화를 마음껏 누릴 수 있는 공간,
  주민이 마을에서 책을 마음껏 볼 수 있는 공간
  주민이 마을에서 초록을 즐길 수 있는 공간, 밝고 쾌적한 공용화장실,
  건강한 환경 속에 살고있는 도시, 마을을 마구 자랑할 수 있는 자

긍심까지.

    그렇지만 나의 이 소박한 바람은 지금의 현실 속에서는 이루기 힘든 아득한 꿈처럼 느껴집니다. 익숙하게 피해 다니고 귀를 막고 코를 막고 지나쳐야만 했던 일들이 얼마나 많았는지요. 온통 땅을 파고 바닥을 뒤집고 덮었다가 도색 했다가 그때그때 다르게 펼쳐지는 사업들로 인해 애꿎은 도로만 몸살을 해대곤 했습니다. 연말이 다가오면 그런 현상이 더욱 심해지곤 했지요. 제각기 설치물을 세우고 오직 성과물에만 집중예산 쏟았던 그동안 무지한 행정력에 지긋지긋함을 느낍니다. 이런 실망감이 커지면서 살고 싶은 도시, 살고 싶은 마을의 가치, 지역성, 문화예술 정신 계승을 위하여 시민이 참여할 수 있는 기회를 더 많이 만들어주기 위해 다양한 노력을 하였던 허성무 시장님이 이토록 그리운 시간입니다.

    창동 골목에 어둠이 내리기 시작하면 작은 술집에서 제각기 술 한잔 기울며 삼삼오오 앉아 일상을 나누는 들려오는 사람 소리가 있습니다. 어둑한 불빛이 창동 골목 풍경을 더욱 정겹게 합니다. 어느 주막 여사장은 허성무 시장만 생각하면 안타까운 눈물을 흘리고 있습니다. 우리 마산이 왜 이렇게 되었냐고, 왜 이래야만 하냐고 안타까운 마음에 시장님을 부정적으로 이야기하는 손님은 죄다 내 쫓는 진심 어린 사람입니디.

    다시, 도시에서 다시, 마을에서, 다시, 골목에서 제 삶의 배경이 되는 이 일상의 풍경을 사랑하려면 시민의 삶 구석구석을 보듬고 안아준 따스한 시장님의 손길, 너른 품이 필요합니다. 합포만에 잘피가 돌아왔던 그 설렘의 시간을 잊지 않고 꿈꾸고 희망하던 도시 그림을 다시 그려보기를 바랍니다.

　사람과 산업, 역사, 문화, 예술이 공존하면서 시민들이 일상의 풍요를 누리며 살아가는 초록 넘치는 아름다운 도시 그림으로 그려지길 바랍니다.

　마산을, 창동을 너무나 사랑하는 한 사람인 저는 우리들의 시장님, 허성무 시장님을 기억하고 응원합니다. 아리아리!!

성산구를 넘어
창원의 동력 만들기,
허스토리로!

김경영
전 경남도의원

노회찬을 넘어 허성무로

2016년 총선에서 노회찬과 후보단일화 과정이 마무리되고 출정식장에서, 나는 허성무 시장을 가까이에서 보게 됐다. 당시 선대본은 전 야권 시민사회가 참여했는데 여성단체대표로 함께 결합했다. 단일화를 받아들이고 후보를 지지하는 간결한 인사말을 했던 그 순간은 늘 나에게 뇌리에 멈춘 시계처럼 박혀있었다. 정치 생태계를 잘 몰랐던 그때이지만 복잡한 심경이었으리라 짐작 되면서 마음 한 켠이 무거웠다. 왜 나에게 담대하게 말하며 조용히 자리를 뜬 그에게 인간적인 미안함이 남아있었는지 몰랐다.

그 이후 3년, 황망하게 세상을 떠난 노회찬의 영전에 고개 숙여 추모하는 허성무를 만나게 된 그 순간은 나도 허성무도 각기 현역 정치인이 된 때였다. 창원시장 허성무로서 과거 총선후보를 양보하고 맡긴 국회의원직을 끝내 노회찬이 지키지 못하고 고인이 된 상황, 노회찬의 빈소에 추모를 하러 온 그 순간은 참 착잡했을 것 같다. 노무현을 잃고 노회찬이란 정치인을 또 이렇게 정치 소용돌이 속에서 놓치는 안타까운 시간을 대하며 국민들의 가슴에도 한국사회 정치에 대한 원망과 회한과 비장함이 뒤섞여지는 시간이었다. 짧은 시간이 지나 지금 나는 허성무를 통해 격동의 한국정치사와 향후 변동의 미래를 생각해본다.

여성정치인으로 바라본 허성무의 시간

나와 허성무는 동 시대를 살았지만 각기 다른 길목에서 있었다. 1986년 내가 노동운동을 선택했던 시간에, 그는 1986년 부산미문화원사건으로 구속되어서 노무현변호사를 만나 인연을 쌓았다. 그는 감옥에서 87민주화항쟁을 맞이했다. 당시 학생운동권이 사회변혁을 위해 노동현장, 농촌으로 하방을 하던 시절, 민주화항쟁 1차 승리 이후 출소했던 허성무는 이전에 동지들이 사회변혁을 위해 갔던 길과는 다른 길로 우회했다. 창원 상남동에서 학원사업을 하는 시간을 맞이했다.

경남에 국민경선단을 꾸리고 당시 김도훈 도당위원장과 함께 민주당의 뿌리를 만들어갔다. 노사모가 꾸려지고 그가 후배들에게 조용히 뒤치다꺼리를 해주며 챙겨주었다는 사실을 나중에 김의곤을 통해 알게됐다. 노무현 대통령이 당선되어 청와대 인선을 할 시절 유일하게 대통령이 믿어주며 직접 결정한 인사가 그였다. 이후 제도개선비서관으로 대통령 가까이에서 일을 했다.

허성무는 2012년 경남도지사 보궐선거에 후보로 나섰다가 중앙의 권유로 후보를 접었다. 사실 그는 도지사후보로서 충분한 자질과 능력을 갖춘 사람이다. 2010년 경남도정의 정무부지사를 역임했던 시기의 행정 역량은 익히 인정받은 바 있다. 거가대교 MRG 문제를 해결하는 물밑작업을 리드했던 행정가로서 좋은 평판을 받았고 도민친화력도 탁월했다. 그러나 2012년 대선을 앞둔 보궐선거에서 대를 위해 소를 희생한다는 판단으로 조용히 뜻을 접었다.

국회의원 선거에서도, 도지사 선거에서도 후보직을 사퇴해야 했던 그의 마음은 어땠을까. 그럼에도 기꺼이 대의를 위해 자신의 뜻을 접을 줄 아는 이, 허성무는 그랬던 사람이었다.

2014년 창원시장 선거에 시장 후보가 됐다. 어떤 사람은 허성무는 선거 출마가 직업이냐? 라고 말하는 사람이 있었지만 정당에 현실을 보니 이해가 됐다. 민주당이 어려운 시절이었다. 2년마다 지방선거와 총선, 대선이 이루어지는 정치구조에 인물난을 겪는 가운데 주기적인 등판의 시간이 되면 후보로 뛰든지, 후보를 밀어주든지 해야 될 상황이 거듭된다. 그래서 지치고 힘들어지고 무엇보다 전문적인 직업이 있든지, 집안 사정이 좋든지, 그것도 아니면 파트타임 잡이라도 뛰면서 호구지책을 이어가야 긴 호흡으로 정치마라톤을 뛸 수 있는 현실을 목도하게 됐다. 그 상황에 대해 밖에서 보는 그 시각이 어떻든 따라다니면서 내막을 다 말할 수 없는 형편이다. 그러니 이 악물고 버텨나가는 것이다. 민주당 창원시장 후보가 됐지만 사실

승리를 기대하기 어려운 선거라는 것을 알고도 출전했다. 선거에 돈을 쓰고 패배의 쓰라린 시간을 견뎌낸 지 2년 만에 2016년 총선을 맞이했지만 접어야했다. 민주당이 열세인 창원 성산구에서 숨어있던 민주당 지지자들과 대놓고 손 한 번 잡지도 못했으니 우리를 지지하는 적극적인 지지자를 늘일 수도 없었다. 김영삼의 변절이후 열성적인 진보에서 답답한 보수가 되어버린 이 어렵고 힘든 험지였지만 2017년 대선에서 승리는 희망이 되어주었다.

    2018년 지방선거에서 보았던 허성무는 거침이 없었다. 여성층과 시민사회와 어떻게 연결될 것인가가 숙제였다. 평생학습센터 실무진의 문제 해결을 위해 정책제안을 했다. 허시장은 바로 이해했다. 평생학습센터가 열린지 20년 동안 실무진은 경력이 20년이 됐어도 급여가 똑같았다. 경력직 대우를 해달라는 요구를 할 때가 됐지만 오히려 퇴직충당금과 4대보험 조차 마련하기 힘든 수익구조에 달했을 때 창원시장후보에게 4대보험비용과 퇴직충당금 분을 창원시에서 지원하라고 요구했다. 허성무는 즉각 답변했다. 그래서 허성무시장 후보에 대한 믿음이 왔다. 창원에서 50여 센터가 허성무가 약속했던 것을 믿었다. 시장으로 당선돼서 결국은 그 약속을 지켰다. 여성들과 약속을 소중하게 생각했다. 여성단체와 간담회에서 양성평등책임관을 요구했는데 허성무시장은 더 나아가서 여성부시장을 두겠다는 약속을 했고 결국 실현했다.

    나는 도의원비례대표로 출마하면서 [여성100도씨] 라는 행사를 열었다. 경남에 많은 여성들의 의제를 모아놓고 허성무시장 후보와 김경수 도지사 후보를 초대했다. 두 후보는 열심히 경청했다. 하동화

력발전소 주민의 피해상황을 호소했던 주민이 눈물을 터뜨렸던 그 순간에 허성무는 열심히 수첩에 기록하다가 멈칫했다. 그 역시 주민의 눈물에 동참해 눈시울이 붉어졌다.

선거운동을 하는 과정에 허성무 시장 후보를 열심히 응원하며 함께 다닌 경우도 많이 있었다 그때마다 허성무는 함께 나온 김경영 도의원비례대표 후보입니다. 소개하면서 "정당지지투표에 민주당을 찍어야 김경영 비례대표 후보가 당선됩니다." 라고 친절하게 설명했다. 참 세심한 분이다라는 생각이 들었다.

마산야구장 앞에서 선거유세를 할 때 에피소드다. 마산야구장 건축비를 경남도가 200억을 창원시에 지원하는데 홍준표 도지사가 도비100억을 주지 않아 공사가 중단된 것을 두고 허성무 후보가 유세를 하면서 "저 야구장을 열지 못하게 한 사람이 누굽니까?" 하니 선거운동원이 마이크로 습관적으로 "허 성 무"라고 연호를 했다. 그러니 곧 바로 상황을 바로 수습하면서 "야 이 사람아, 허성무 아니지"하고 그 정신없던 상황에도 놓치지 않고 솔직하게 정리를 해주었다. 많은 분들이 웃는 상황에서 얼버무리지 않고 지적을 해주던 솔직한 모습이 기억이 난다. 그렇게 진솔하고 즉각적인 잘못을 지적할 정도의 사람이었다.

창원특례시장 허성무

취임 이후 6개월이 지나 창원의 100년된 성매매집결지 폐쇄를 해낼 수 있고 해내야 하는 시장은 바로 허성무라는 생각을 하게 됐다. 2019년 2월 시장과 단독면담을 요청했다. 그때 한 가지는 서성동 성매매집결지를 폐쇄하자, 한 가지는 추산동 도시재생건물을 공유

공간을 만들어서 주민에게 돌려주자는 것이었다. 쉽지 않은 일이었다. 그런데 허성무시장은 두가지 문제를 다 수용했다. 서성동 성매매집결지폐쇄를 해야 된다고. 허성무시장을 믿고 제안했다. 그랬더니 허시장은 더 적극적인 제안을 했다. 'CCTV를 달자'고 했다. 관계부서 공무원들이 입회해서 이 안을 다 경청했다. 그래서 몇 달을 기다렸는데 사실상 공무원들은 그 누구도 나서지 않았다. 그래서 현장을 다니기 시작했다. 결국 이 일을 추진해 낼 공무원을 발탁해서 맡겼다. 우여곡절이 있었지만 5번 만에 결국 CCTV를 달 수 있었다. 성매매업소 주인들은 성매매 종사 여성들을 앞세우고 휘발유통을 갖다 놓고 악다구니를 쓰면서 위협했다. 경찰과 공무원들이 나와서 전쟁 같은 상황을 수습하려 대치국면을 만들고 몸싸움까지 나는 상황이었다. 그들 중 누군가는 '김경영이 누구냐'고 큰소리로 위협하는 사람도 있었다. 밤길 조심하라는 협박이 튀어나오는 가운데 여러 가지 두려움으로 영화같은 상상을 하기도 했다.

도정질문으로 서성동 성매매폐쇄를 하지 않는 이유를 묻고 마산중부경찰서를 찾아가 순찰차를 순회하라고 요구하러 가기도 했다. 도교육청에 교육환경보호구역을 제대로 관리하지 못하는 문제도 지적했다. 창원시 행정과 공무원은 초 긴장상태로 들어갔다. 업주들도 계속해서 협박을 했을 것이다. 그런데 공무원과 TF를 꾸리자고 하니 현장 공무원들은 내색은 못하고 일이 제대로 추진되지도 않는 이때 제2 여성부시장이 복지여성보건국을 관할하도록 소관 부서를 변경했다. 이를 승인한 것은 물론 허성무시장이었다.

복지여성보건국 소관 사업은 여성부시장을 통해서 여성정책전문가와 공무원 조직과 협업을 만들어 나갈 수 있었다. 공무원 조직의 관행을 뛰어넘는다는 것은 쉽지 않았지만 한걸음씩 변화의 물결을 만들어갔다. 창원시 여성친화도시가 탄생하고 아동친화도시 인증, 승승통통놀이터 조성, 노인친화도시 인증 등 비주류의 영역이 조금씩 빛을 보기 시작했다.

3월8일 세계여성의 날을 맞이해서 창원시에서 처음으로 시장이 여성공무원에게 꽃 한 송이씩 드리는 이벤트를 진행하려 계획했다. 일하는 여성에 대한 존중과 감사함을 담아 꽃을 전달하고 김명시 특강에도 함께 하고자 했지만 당일 모친이 급작스럽게 돌아가시는 바람에 성사되지는 못했지만 여성 존중의 뜻만큼은 분명히 확인할 수 있었다.

허성무 시장 재임시 이이효재 선생님이 돌아가셨다. 허성무 시장은 창원이 낳은 사회학자, 한국사회민주화운동가, 여성운동과 일본군위안부 피해자를 위해 나섰던 이이효재 선생을 잘 알고 존경하였기에 진심으로 추모의 뜻을 표했다. 고 김복동 할머니가 돌아가신 후 창원시장 최초로 일본군위안부 기림비 앞에 창원시 공무원들이 지원해서 추모제를 지원해주었다. 추운 날씨에 야외 전기난로가 보급되고 천막이 지원되자 많은 시민활동가들이 감동했다. 이후 '이이효재 길'을 조성하는 일, 이이효재포럼, 등의 일도 무리 없이 진행됐던 것이다. 김명시장군의 서훈과 역사 복원하는 과정에서 허성무 시장이 지원을 아끼지 않았기에 2023년 11월 김명시장군 출판기념회에서 작가 이춘은 허성무 시장에게 특별한 감사인사를 보냈다.

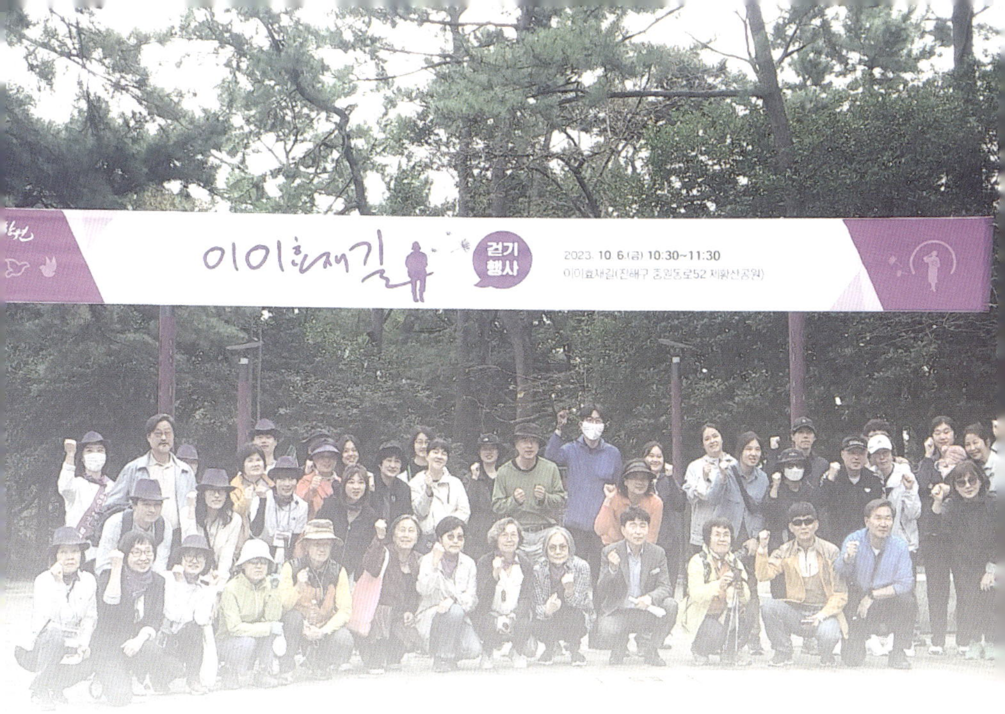
이이효재길
걷기 행사
2023. 10. 6.(금) 10:30~11:30
이이효재길(진해구 중원동로52 제황산공원)

여성친화도시
이이효재길 개장기념식
새로운 것에 감격하며 늘 열려있던 선구자

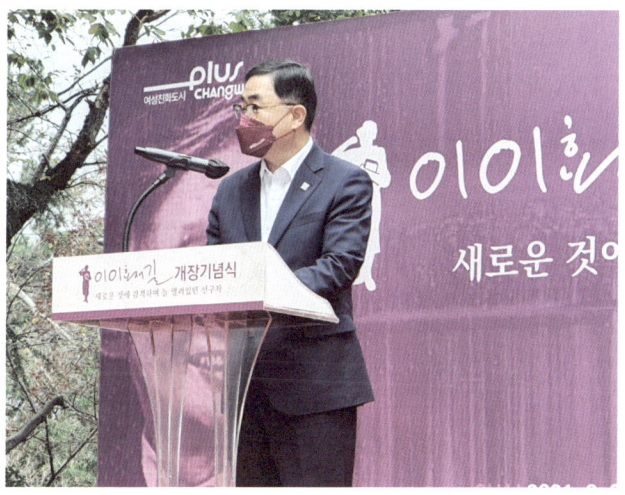

지금 허성무

2022년 지방선거 패배 후, 더불어민주당 성산구지역위원장을 맡은 허성무는 1년의 시간을 바쁘게 잘 헤쳐 나갔다. 허성무시장을 상대로 창원시정과 자신의 철학 등을 주제로 인터뷰를 하면서 민주당 정치의 길 그 속에 지나온 허성무의 20년 시간이 참 대단하다는 생각이 든다.

나는 나름 도의원 4년을 치열하게 보냈지만 선거전은 더욱 더 치열했다. 그런데 선거에 낙선되고 보니 지난 의정활동이 정말 꽃놀이였구나 하는 생각이 든다. 낙선 후 1년, 이 짧은 시간도 참 어렵게 보냈는데 허성무는 20년 시간을 어떻게 견딜 수 있었을까?

시장 재임 4년의 시간을 파란운동화를 신고 지구 네 바퀴를 돌았다는데 그 시간 왜 그렇게 뛴 것인가? 질문에 그는 답했다. "민주당 최초의 시장이니까, 절대 허투루 할 수 없었다. 정말 안간힘을 썼다."는 답을 했다. 그래서 시민들은 알고 있다. "허성무 열심히 했다. 잘했다." 그것이다. 허성무는 지금 이 시간 국회의 시간을 그리고 있다. 국회의원 그 뱃지가 목표가 아니라 국회에 들어가 창원의 고질적인 문제를 풀겠다는 것이다. 허성무는 왜 그 길을 가야할지 그 절실한 이유를 생각하고 있다. 청와대 제도개선비서관으로 국정을 보며 왜 그 일을 해야 하는 지, 경상남도 정무부지사로 도정을 공부한 행정가로서 창원 출신으로 창원의 문제를 어떻게 풀어야 할지, 정치의 메카니즘을 다 공부했다. 행정은 전문가가 하는 것이지만 길을 열고 비전을 제시해주는 것은 정치인이다.

정치인은 길을 만드는 사람이다. 없는 법을 만들고 개정해서 본

질적인 문제를 푸는 것이다. 그는 행정가로서 유능하고 부지런한 사람이었다. 예산이 없으면 국비로, 도비로, 보조금사업으로 만들어서 시민을 위하는 일, 역사를 바로잡고 민주화운동을 기억하게 해주는 일을 끊임없이 해왔다. 창원시장으로서 민주화전당을 건립했다. 문신100주년을 세우고 수소전지를 만드는 일, 방위 산업체와 스마트 산단을 만들기 위해 노력한 일 등 손으로 꼽을 수 없을 만큼 많은 일을 해냈다. 그 수많은 일들 중, 특례시를 만들었던 것은 현재의 정치구조 하에서 수도권 국회의원들이 이해하지 못한 기초지방자치단체의 한계, 마산, 창원, 진해 통합창원시의 구조적 문제를 숨통을 틔우게 할 해법이다. 그러나 국회는 그 해법을 제대로 풀지 못하게 꼬았다. 특례시의 한계는 물론 명확하다. 인구100만 이하로 인구유출이 되면 특례시 권한은 정지된다. 현재의 특례시 권한은 너무나 미약한 수준이기에 집이라면 건물 뼈대만 있는 정도일까? 그 단계에서 키울 수 있는 일은 바로 법을 만들고 중앙정치의 결정권한으로 세입을 만드는 일, 국가 산단의 제조패권도시로 성장하게 만드는 모든 해법을 제시하고 해결할 수 있다.

 국가 산단이 들어서면서 국가가 계획도시라는 명분으로 사실상 깡패처럼 주민의 땅을 뺏다시피 이주시켰다. 더군다나 군사독재시절이니 저항이나 지기긴리 자기재산권 주장은 엄두도 낼 수 없었을 것이다. 농사만 짓던 농민의 삶의 터전을 알량한 돈으로 내쫓은 것은 국가폭력이었다. 그래서 그 농민들은 보상받은 돈으로 술과 도박에 빠지고 그 아들딸들은 겨우 공단에 취직하거나 보수 정치인에 목을 걸게 만들었다. 그런데 지금 국가 산단과 주거지역을 계획적으로 만들었다는 도시가 도시민의 사유재산권을 합리적이지 않은 이유로 묶어 놓았다. 욕망의 덩어리로 집값 수익을 통해 남은 인생을 보장받겠다는 심리가 발동한 것이다. 이주를 해서 쫓겨와 살게 된 어느 땅은 아파트로, 어느 땅은 주택으로 재산차이가 나버리고 마산, 진해와 달리 적용되는 산업입지특별법은 주민들을 형평성이 맞지 않다는 결기를 만들게 했다. 이제 창원의 문제는 국회의원이 나서 해결해야 한다. 총대를 맬 국회의원이 대표선수로 필요하다. 국회의원 병이 아니라 국회에 가서 수도권, 민주당 국회의원을 설득하고 창원의 문제를 이해시키는 일, 그래서 창원시민을 대표할 선수로서 필드에 뛰게 해야 할 것이다.

    축구장에 뛰는 선수 하나가 키워지기 위해서는 어마어마한 시간과 지원이 요구된다. 어린 선수를 잘 발굴하고 키워야 한다. 아마추어 선수가 프로가 되려면 반드시 중간 경력, 과정을 거쳐야 한다. 창원시민은 어쩌면 창원시장 출신 허성무라서 더 잘 할 수 있을 것이라는 것을 인정할 수 있지 않을까? 나는 짧은 의정활동이었지만 느낀 바가 많다. 우리의 지방자치는 아주 단기간에 졸속적으로 만들어져 토대가 너무 약하다. 중앙정치가 중심이 된 현실정치에서 중앙무대에서 결정권을 통해 만들어가야 한다. 그 열매는 시민들에게 돌아갈 것이다.

    지방자치를 앞으로 잘 키울 역량과 안목이 있는 정치인이 지방자치를 안정시킬 수 있다. 그래서 중앙정치는 지방 자치에 권한을 더 이양해야 하고 국회는 세계무대로 대한민국의 위상을 끌어올릴 미래 비전을 만들어 가야한다. 그럴 수 있는 안목을 가진 정치로 국회가 탈바꿈되어야 할 중요한 시간이다.

탈바꿈 할 시간! 허성무가 필요할 때이다!

허성무를 국회로

김도훈
전 새천년민주당 창원을지구당 위원장,
전 한국마사회 부회장
2대 창원시의원

    정치는 사람이 중심이다. 그렇기에 사람들의 본질이 가장 잘 드러나는 영역이 다. 나는 정치권에서 활동하면서 많은 정치인들이 밀림의 법칙에 충실한 야수들 같다는 생각을 하곤 했다. 하지만 진짜 사람의 온기가 느껴지면서 제 몫 이상을 해내는 사람을 만나면 그가 비록 후배라 해도 존경심을 갖게 된다. 그 대표적인 사람이 허성무이다.

    허성무는 일을 할 때 전체를 다 꿰뚫어보는 혜안이 있다. 이는 그가 지닌 상당한 능력이다. 보고서를 볼 때도 세밀히 안 읽어도 타이틀을 보고 통독하듯 금방 파악한다. 아주 영민하다. 시야가 넓고 생각의 범위가 넓다는 게 강점이다. 큰 줄기 하나를 가지면 딴 줄기들이 해야 될 일을 찾아낸다. 행정가로서의 그런 장점이 있다. 보고자

나 실무자가 미처 생각 못했던 부분을 또다시 짚어주니 사전 예방, 사전 준비 차원 가이드라인을 제시해주는 능력이 뛰어났다. 문제를 제대로 보고 지시를 내린다. 안하면 확실하게 추궁했다. 그러다보니 공무원들이 한마디로 긴장을 많이 했다. 공무원들이 모르면 답변을 할 수 없으니 시장 보고 시 공부를 많이 해가야 됐다. 잘하는 사람은 격려해주고, 잘못하면 바로 지적해서 야단치니까 공부 안하고 준비 안하면 밑에서 일할 수 없는 그런 스타일의 리더였다.

창원시장 재임 시 잘 한 일

그는 경륜공단 문제를 정리한 최초의 시장이었다. 경륜은 건전한 스포츠라 하지만 또 사행성 사업이기도 했다. 경남도와 창원시가 걸린 사업구조로 한번 시작한 공공기관을 중단할 수 없었다. 역대시장들이 모두 다 좋은 게 좋은 거라며 손을 대지 않았다. 하지만 좋은 게 좋다는 허울로 시민들의 부담은 가중되는 것이 현실이었다. 인건비 상승으로 적자가 누적됐고 허성무 시장 취임 시점에 는 적자폭이 너무나 커졌다. 인원감축을 해야 할 상황에 여러 난제가 있었지만 자꾸 미룰 수는 없었다. 시민들을 위해서도 이 문제에 손을 대야 했다. 나는 그 어려운 작업을 허시장을 대신해서 짊어져야겠다는 사명감을 가졌다. 공단을 긍정적인 이미지로 전환해야 했고 사업다변화도 필요했다. 허시장은 이 의견에 적극 동의하고 공감해주셨다. 구조조정을 해결하며 경륜공단 이름 변경을 시작했다. '레포츠파크'는 허시장이 직접 선정한 이름이다. .

운동화시장은 그냥 나온 게 아니다.

"시장은 군림하는 자리가 아니고 봉사하는 자리다. 나는 시민 위에 있는 사람이 아닌 시민의 모습이다. 이건 내 인생의 철학이다. 그래서 맨발로 열심히 시민에게 다가가고 또 시민의 어려움에 앞장서서 해결하겠다."

취임 초에 허시장이 한 말이다.

그는 운동화시장이라는 별명을 얻을 만큼 부지런히 뛰었고 그만큼 현장을 중시했다. 다른 시장과의 차별성이다. 현장 중심의 행정, 직접 눈으로 본 사람과 보고만 듣고 앉아서 일하는 것은 천지 차이다. 뭐든지 내 눈으로 직접 보는 게 제일 정확하다는 행정을 실체화한 대표적인 사람이다.

이는 집안 분위기에서 오는 영향인 듯했다. 사회 주요직에 먼저 활동한 형님들의 영향을 일찍이 받은 듯 허성무는 스케일이 달랐다. 그 의지나 그 실천 노력이나 진실성이 말과 행동, 얼굴에서 나타났다.

불의를 보고 뛰어든 청년 학생시절의 허성무

허성무는 부산대 학생시절 소위 말하는 운동권으로 6.29 선언 있기 전까지 독재 정권 타도, 대통령 직선제 투쟁으로 민주화 운동에 나섰다. 불의에 맞서 불같은 성격 때문이라 본다. 그는 권력이 국민 위에 군림하는 것에 대해서는 강하게 맞서는 스타일이다. 서민들, 약자한테는 한없이 약하고 강자에게는 한없이 강한 인품을 소유한 사람이었다. 어느 날 갑자기 된 게 아니라 어릴 때부터 그렇게 형성돼 왔던 것 같다. 굳이 이념적으로 말하면 진보 성향이다. 그러나 이념으로 굳이 편 가르기 하는 스타일이 아니고 화합과 포용의 그런 마인드였다. 시정을 할 때 꼭 내 쪽 사람 만 심어서 뭔가를 하겠다는 게 아니라 노동당이든 보수 성향에서든 일 잘하는 인재가 있다면 같이 일하려했다. 창원산업진흥원장을 소위 낙하산이 아니라 전문가를 영입하고 지역경제 살리는 것에 포커스 맞추고 제일 신경을 많이 썼다. 정말 포인트도 잘 짚었다.

허시장과의 인연을 맺어준 노무현 대통령

새천년민주당 창원을지구당 위원장으로 2002년 대선 당시 지역조직을 꾸릴 때 노무현대통령께서 경남도지부장을 맡아서 일을 도와달라고 했다. 당시 학원장을 하던 허성무시장을 창원지구당 부위원장으로 추천하게 됐다. 허시장이 부산 미 문화원 사건으로 구속됐을 때 노무현 변호사가 시국사범 변론을 맡았다. 그렇게 노무현대통령과 인연이 시작돼서 정치활동까지 이어졌다. 그런데 허성무는 처음에는 한사코 사양했다. 정치 일선에는 잘 안 나서려고 했는데 노무현대통령을 생각한 사람들의 강력한 권고가 있었기에 마음을 바꾼 듯 했다.

허시장은 "정치 무대 일선에 나서려 했으면 진작했다. 전혀 생각이 없어서 안 한다."고 거부했지만 그래도 뜻을 같이 했던 동지들이 노무현을 봐서라도 좀 힘을 합쳐서 해보자며 설득하자 끝내 함께 하게 됐다. 이문순, 노인선...그때 당시 멤버들이 함께 그렇게 2002년 대선을 치렀다.

허성무와 나는 노무현 대통령을 존경하는 마음은 똑같다. 2002 대선에 노무현대통령이 역전승을 거둔 후 허성무는 청와대 비서관으로, 나는 공기업으로 갔지만 호흡을 같이 했다. 노무현의 철학, 인생 스토리도 아는 정말 혈맹의 동지다. 진정으로 어려운 길에도, 좋은 일 있을 때도 같이 걸어왔다. 시대 조류에 따라가고 방향성 없이 이리 저리 지조 없이 진영을 바꾸는 이런 사람들을 너무 많이 보았다. 그런데도 허시장은 진영논리로 어려움을 겪을 때도 전혀 내색 안 하고 다 포용해 그릇이 정말 크다. 보통 양반이 아니다.

경남 지역에서 민주당, 새정치국민회의를 한다면 김대중 빨갱이당, 노무현 빨갱이당이라는 손가락질을 받았다. 내가 창원 시의회에 있을 때에도 민주당이라는 이유로 동네, 일반 시민들, 친구들까지도 슬슬 나와 거리를 두려 했다. 그렇게 어렵고 힘든 것은 말로 표현이 안 될 정도였다. 완전히 빨갱이로 손가락질 받으며 살든지 호남으로 쫓겨 가든지 해야 하는 그런 어려움을 허시장과 함께 겪었다. 그래서 우리는 묵묵히 같이 걸어온 동지다. 우리 사이는 말 안 해도 아는 사이, 끈끈한 동지다.

그 이후 허성무는 경남도당위원장, 경남도 정무부지사에 청와대 비서관, 창원시장까지 정말 다방면의 경력을 쌓았다. 나는 그것이 정치 1번지에서 우리가 중앙무대에서 큰 자산이 될 거라고 본다. 국정, 도정, 시정도 다 경험했다. 또한 폭 넓은 인맥이 형성돼서 앞으로 중앙무대에 갔을 때 대통령실과 협의를 만들고 예산확보든 정부 부처와의 협상이든 탁월한 능력을 발휘할 것으로 믿는다. 평소에 허시장은 친근한 이미지로 중앙에도 상당히 많은 인맥을 쌓아놓았을 것이다.

허성무는 창원시정, 경남 도정을 거치면서 공무원들과도 엄청난 인적 자산인 네트워크를 쌓았다. 허성무가 중앙 무대에 가게 된다면, 옛날 리틀노무현으로 희망을 주었던 김두관 이상이 될 것이라 기대

된다. 허성무는 거칠 건 다 두루 경험한 이후 지금 중앙무대로 가고자 하는 것이다. 그가 국회의원에 당선된다면 비록 초선이어도 이미 탄탄한 기반이 어느 정도 조성돼 있다고 본다. 창원에서 아직까지 우리 민주당이 국회의원을 당선시킨 적이 없다. 만약 허시장이 민주당 불모지 경남 창원에서 당선된다면 벌써 중앙무대에서 원내 주요위치까지 충분히 올라갈 역량이 있다.

창원의 젖줄, 기업이 살아야 창원이 산다.

'창원을 먹여 살리는 정맥은 바로 기업이다'라고 허 시장은 취임 초부터 강조를 했다. 기업의 날 포상도 많이 했다. 경영하는 기업들을 위한 여러 가지 시책이나 노동역사박물관 조성, 여러 가지 친 기업 정책을 확대했다.

지금도 중소기업 사장들은 허시장이 재임시에 정말 관심도 많이 가졌다고 아쉬워 한다. 시장실 문을 항상 열어놓고 또 기업을 방문해서 격려하고 애로사항 청취도 하셨다. 그런데 지금은 전혀 안 된다며 그게 너무 지금 아쉽다고 한다.

창원에는 도시를 버티게 하는 젖줄인 기업이 제일 중요하다. 허시장은 기업이 살아야 창원이 산다는 것을 체감했던 분이다. 창원공단에는 크고 작은 많은 기업들이 있는데 이 기업이 살아야 인구의 유입 효과가 있고, 소비가 촉진되고 시장 경제도 살아나는 것이다. 그래서 어쩌면 저 사람들의 어려움을 하나라도 해결해 주느냐 좀 더 매출이 신장되고 성장되기 위해서 창원시가 무엇을 지원해야 되느냐 이런 부분을 늘 생각했다. 그를 통해 중요한 것은 기업을 진정 아끼고 사랑하는 마음이라는 것을 알게 됐다.

허시장은 지식의 범주가 넓고 많은 책을 읽으신 분이라 기업의 제조 공정 과정을 관찰하고 통찰해내는 능력이 탁월했다. 그랬기에 기업 살리기에 온 심혈을 다 기울였고 실적들이 상당히 좋았다. 실제 중소기업 사장들을 만나보면 정말 허성무 시장이 잘 했고 그립다고 말한다. 시민들이 실제 피부로 와 닿는 것들은 잘 모르는 것이 문제이다. 일반 시민들도 이제 좀 더 알아야 된다. 기업에 몸담고 있는 기업인들은 좀 느끼는데 우리 시민들한테 정말 와 닿는 정책이 뭐가 있느냐고 말해서 좀 안타깝다. 허성무시장은 스마트그린산단, 수소산업에도 발 빠르게 대응했다. 이에 대해서는 특히 관련분야 전문지식을 가진 사람들은 잘 알지만 일반 시민들이 체감하지 못하는 것이 안타깝다.

남은 안타까움...늦은 감이 있는 주택정비, 도시 계획 개선정책 제시

주택 정비 도시계획 문제와 산업단지, 산업입지특별법 등 관련법들이 창원시민을 규제하다보니 시민의 불만이 높아졌는데 시장으로서 너무 늦게 대안을 제시한 안타까움이 있다. 창원은 국가산단이 조성 되면서 계획도시로 산업단지의 배후도시개념으로 주거지가 조성됐다. 주택단지는 인근 마산, 창원과 달리 일반 전용주거지였다. 그러다 보니 상가 건축이나 건물 용적률에 규제가 있어 40년 동안 새로운 건축은 힘들어졌다. 바로 인근 아파트단지에 비해 주택가는 땅값 집값도 차이가 엄청나 상대적 박탈감까지 생겼다. 제대로 재산권 행사를 못한 주택가 주민들의 불만이 고조된 것이다.

허시장 임기 말년에 이르러 상당 부분 규제를 풀겠다고 접근했지만 너무 늦어진 것이라며 곱지 않은 시선으로 보는 사람들이 있었다. 그렇지만 창원시민들에게 몸에 와 닿는 정책을 제시한 것은 사실이다. 창원시 주택 정책은 이제 시대변화에 따라 가야한다. 중앙정책으로 뭔가 창원공단에 대한 근본적인 재진단을 해야 한다. 공단지역 땅은 주로 대기업이 공장부지로 땅을 소유하고 있다. 땅도 없거니와 비싼 땅을 매입할 여력이 없는 중소기업들이 김해나 함안으로 다 빠져나가게 됐다. 대기업들은 기업투자도 안하고 R&D 투자도 안했다. 대기업의 부동산 장사에 기업 이전으로 창원공단은 차츰 활기를 잃었다.

이에 대해 상당히 많은 중소기업인들이 불평, 불만도 있었다. 허시장이 이러한 문제를 해결하고 신규 단지 조성 문제와 노동 정책을 펼친 것은 좋은 행정이지만 다소 늦은 감이 있었다.

이제 창원공단지역, 창원시 주거지 환경을 규제하면서 일반 시민들이 피부에 와 닿게 제시하기 어려운 문제, 규제에 묶여있던 문제를 풀어야 할 때이다. 허성무시장이 중앙 무대에 올라가서 법을 제정하고 해결해야 한다.

산업단지입지특별법에 의해 조성된 창원공단은 50년을 맞이하지만 향후 미래를 위한 새로운 진단과 제대로 된 해결책이 나와야 한다. 전문 지식이 부족한 사람들이 해법을 찾을 수 없다. 동네에 나가 할머니 손잡으면 당선되는 이런 정치로는 창원을 살릴 수 없다. 기존의 국회의원들은 창원의 진짜 먹거리 문제를 처음부터 챙기는 일머리가 없었다. 박완수도지사가 몇 년을 시장 경험을 갖고도 그런

애기를 제대로 못했다.

이제 창원은 우리 지역만이 아니라 부산 진해 신항 문제, 가덕 신공항 문제 등 배후 도시의 문제, 공단, 국가산업단지 조성과 관리, 활성화 문제를 짚어야 한다.

창원공단은 기계공업이 중심이다. 그런데 그 기계공업이 성장의 정점을 지나 하향세로 접어들어 사양산업이 됐다. 이런 창원에 지금 현실을 직시하고 어떻게 하면 여기를 다시 살려낼 수 있을까. 전문지식을 가지고 공부한 사람이 방향도 제시하고 중앙무대에 가서 설득해야 안 되겠는가? 그런 일을 할 사람이 과연 누구일까 우리 허시장을 중심으로 정치권과 시민들이 뭉쳐야 한다.

안타깝게도 현재 창원의 지역 사정은 매우 좋지 않다. 지금 창원이 죽어가고 있냐 살아가고 있냐 단도직입적으로 물어본다면 죽어가고 있지, 살고 있다고 이야기 하지 않을 것이다. 인구도 조금씩 많이 빠지고 있다. 전체적으로 기계산업 사양 산업화되는 문제도 있다. 이런 중에 인구 100만을 유지하고 경남의 수부 도시로서의 위상을 지켜나가려면 너와 내가 따로 없고 진보 보수가 따로 없이 해야 한다.

우리 창원시 100만명의 시민들이 먹고 살 거리를 지금 같이 고민하고 같이 연구해가지고 어떻게든 다시 부흥시켜야 할 책임이 우리에게 있다. 젊은이들이 몰려올 수 있고 젊은이들이 떠나지 않는 도시로 만들어야 된다. 아버지 어머니의 고향 여기서 내가 고향을 지키고 내 고장을 발전시키려면 청년들이 이곳을 떠나지 않고 떠난 사람도 다시 돌아오게 기반이 조성되어야한다. 지금 우리 시민들이 머리를 맞대고 함께 고민하고 창원을 살리자. 이것을 앞장서서 해결할 양반이 허성무 외에 없다. 그만한 경력 경험과 지식, 인맥도 갖고 있다. 우리가 중앙 무대에 한번 보내보자.

이번에는 한번 허성무로 중앙에 한번 보내보자.

달라지는 창원의 모습을 기대한다면 한번 보내보자. 이렇게 좀 가야 되지 않겠나? 허성무를 중앙에 보내면 충분히 해결할 수 있는 경험과 능력을 가진 사람이라는 것을 창원시민들한테 심어줘야 된다. 사실 지금까지 창원이라는 좁디 좁은 울타리 안에서의 행정을 보여주었지만 국가를 운영하는 청와대 근무 경험도 있는 허성무가 중앙에 가면 본인이 또 펼치고 실현 시키고 싶은 꿈이 정말 많을 것이다. 지금은 실제 링에서 뛸 선수가 아니기에 못하는 게 많이 있다. 그래서 한번 보내보자. 정말 창원이 변하는 것을 보려면! 과거 창원 국회의원들 지금 돌이켜보면 창원공단과 창원을 위해서 한 게 솔직히 뭐 있느냐? 다 떠나는 도시가 되고 있는데. 이런 도시도 유능한 시장, 뜻 있는 정치가가 잇다면 충분히 변화가 가능하다. 그 일을 해낼 사람이 바로 허성무이다.

초지일관 처음 마음먹은 그대로 지금까지도 그랬듯이 중간에 실망하거나 좌절하거나 하지 않고 가는 점은 정말 높이 살 만 하다. 이번에 허성무를 보고 더 놀랐던 게 바로 그 점이다. 2022년 지방선거에 낙선하고 보통 사람 같으면 그 후유증에 한 6개월간이든 1년이든 간다. 아예 정치 일선에 나서지도 않고 조용하게 외국을 떠나는 사람도 있고 사람을 좀 멀리하는 사람들이 많다.

그런데 허성무는 끝나자마자 다시 오뚜기처럼 일어나는 걸 보고 거기에 다시 한 번 놀랐다. 이 양반이면 되겠다 싶은 마음이 들었다. 그에게 실망 좌절 이런 단어는 전혀 어울리지 않는 것 같다. 아주 강한 신념과 의지가 있다. 그래서 바로 복귀해서 저렇게 바로 뛰는 허시장이다. 수천 명 공무원들이 다 고개 숙이고 인사하고 시민들도 인사하던 사람인데 어느 날 갑자기 한 열흘 만에 먼저 고개 숙이고 또 다시 손잡고 이런 자세로 바뀔 수 있는가, 그것은 속에 내공이 없으면 되지 않는다. 보통 사람은 잘 안 된다. 그것 보고 다시 한 번 놀랐다. 하긴 시장 시절에도 언제나 시민에게 먼저 다가가고 손 내밀던 사람이니 이런 일도 가능할 것이다. 자리가 어떠하든 든든한 중심을 지닌 사람이 바로 허성무이다. 우리 허시장이 정말 그 뜻하는 바를 관철시키기 위해서 지금까지도 잘 해왔지만 계속해서 그렇게 해 나가시면 반드시 좋은 기회가 있지 않겠나.

선거는 바람이 중요하다. 거센 보수의 바람은 일 잘하는 시장을 낙선시켰지만 이 아픔은 그를 중앙 정치의 무대로 데뷔시킬 더 큰 기회가 되어 돌아오리라 믿는다.

허성무를 국회로!!!

약속을 지키는 정치인 허성무

김영만
열린사회희망연대 상임고문

　마산은 예로부터 불의에 대한 저항 의지와 자유와 민주를 향한 열망이 높은 지역이다. 대한민국의 4대 민주 항쟁 가운데 두 개가 마산에 바탕을 두고 있다는 것이 그 사실을 증명한다. 마산의 현대사에서 3.15는 대단히 의미 있는 일이었다. 이승만 정권의 3.15 부정선거에 저항해서 시민들이 일으킨 민주 의거는 길이길이 마산의 자랑이요, 자부심이 되리라 생각한다. 지금의 젊은 세대들에게 3.15는 박제된 역사로 자리하고 있을지 모르지만 우리 세대의 3.15, 그로 인해 촉발된 4.11은 말 그대로 뜨거운 혁명이요, 삶을 바꾼 획기적인 사건이었다.
　3.15가 일어나던 1960년, 나는 열여섯 살의 마산상업고등학교 1학년 입학을 앞둔 학생으로 그 시위에 직접 참가했다. 고등학생이라면

어린 나이라 생각하지만 당시의 고등학생은 지금의 대학생들에 비견될 만큼 사회 참여의식이 높았고 지식인으로서의 자긍심도 있었다. 극악무도한 이승만 정권의 부정선거는 젊은 우리의 피를 끓게 만들었고 공포와 두려움이 없지 않았으나 나 또한 기꺼이 민주와 자유를 외치는 시위 대열에 동참할 수 있었다. 이후에 펼쳐진 일들은 이미 알려진 대로이다. 3.15 당일의 시위는 잠잠해졌지만 그 해 4월 11일, 27일 만에 마산 앞바다에 떠오른 김주열의 시신은 전국민적인 분노를 촉발했고 결국은 4.19로 이어져 이승만 정권을 무너뜨리는 빛나는 민주주의의 승리를 이루어 냈다. 이렇게 자랑스러운 마산의 역사 3.15가 빚어진 것이다.

E.H 카는 '역사는 과거와 현재의 대화'라고 말했다. 하지만 지나간 시절의 이야기가 박제되지 않고 현재에 의미와 가치를 가지려면 많은 노력이 필요하다. 예를 들자면 역사를 이야기로만 전할 것이 아니라 현장성을 가지도록 해야 한다. 역사의 현장을 보존하는 일은 매우 중요하다. 하지만 정치인들에게는 이런 일이 별로 중요하지 않은 것 같다. 그들에게 중요한 것은 어떻게 하면 표가 될지 하는 것이지 역사적 현장의 보존은 별관심사가 아닌 것 같았다. 하지만 우리들이 기념관이나 전시관을 아무리 많은 돈을 들여서 훌륭하게 지어 놓는다 해도 비록 허술하게라도 보존되어 있는 역사적 사건의 현장보다는 교육적 효과와 감동이 떨어진다. 역사의 현장에 가서 설명을 들으면 그때 그 상황에 놓여있지 않았다 해도 훨씬 이해하기가 쉽고 잘 와닿는다.

내가 마산이 역사 현정 중에 반드시 보존해야 한다고 생각했던 곳은 두 곳, 바로 김주열시신 인양지와 3,15의거 발원지였다. 김주열열사 시신 인양지는 지난한 어려움 가운데 방법을 찾다가 떠오른 묘안이 문화재로 만드는 것이었다. 역사적 의미를 생각한다면 문화재로 만드는 일이 어려운 일만은 아니라 생각됐다. 다행히 백방으로 뛰어다닌 끝에 김주열열사 시신 인양지는 경상남도 문화재로 지정이 되어서 지금도 시민들에게 산 역사 교육의 현장으로 제 몫을 하고 있다.

그리고 또 한 곳은 3.15의거 시발점이 된 구 민주당 마산 당사였다. 1960년에 3.15의거가 일어났으니 63년이 지났는데 지금도 그 당시의 당사가 남아있었다는 것은 굉장히 놀라운 일이었다. 하지만 문제는 그 건물이 공공의 이익을 위해 쓰이지 않고 보통의 술집처럼 이용되고 있다는 것이었다. 사람들은 그곳이 그토록 의미 있는 장소라는 사실조차 알지 못했다. 나는 이 사실이 안타까워 많은 사람들, 특히 영향력이 있는 정치인들에게 힘주어서 보존의 필요성을 이야기하곤 했다. 그런데 어느날 허성무 전 시장이 사무실로 나를 찾아왔다. 당시가 시장 출마할 무렵이었던 것으로 기억된다. 찾아와서는 첫 마디가 3.15의거 발원지를 창원시의 자산으로 확보하겠다는 것이었다. 나는 그 말을 듣고 깜짝 놀랐다. 사람들에게 말할 때 귀 담아 듣는 것 같았지만 돌아서면 기억하는 사람이 없어서 애가 탔는데 그 말을 기억하고 시장이 되면 자신이 하겠노라고 말하는 사람이 나타난 것이다. 그래서 나는 허 전 시장에게 꼭 시장에 당선되라는 덕담을 해 주었다. 그는 나의 바람대로 시장이 되었고 약속을 지켰다. 지금 코아양과 아랫길로 가면 말끔히 단장된 건물이 3.15의 역사를 증거하고 있으니 어찌 허 전 시장이 고맙고 대견하지 않겠는가.

마산을 가장 대표할 수 있는 말은 '민주 성지'이다. 1960년 3월 15일을 거쳐 4 19 이후부터 전 국민들로부터 들은 소리가 민주 성지 마산이었다. 시민들 스스로도 그렇게 이기고 자타가 그렇게 그럼 대한민국에서 딱 두 곳, 광주하고 마산이다. 그런데 이것을 말로만 그렇게 할 게 아니고 실천으로 옮기는 간단한 방법 중에 하나가 지금 현재 남아있는 현장을 잘 보존하는 거고 역사 현장을 잘 보존하게 되면 그 자체가 우리 시의 큰 자산이 될 수도 있고 더 나아가서는 관광자원까지 될 수가 있다. 이런 좋은 이야깃거리를 제쳐놓은 채 다른 이미지로 도시를 만드는 것은 비효율적이고 핀트가 맞지 않는 일로 보인다. 민주 성지, 이런 이미지를 확고히 한다면 창원의 의상이 얼마나 높이 올라가겠는가. 그런데 거기까지 쭉 나간 시장이 아무도 없었다.

허성무 전 시장은 시장에 당선되자마자 나를 보더니 '저 건물 반드시 창원시에서 매수해서 기념관으로 만들겠습니다.'하는 약속을 했고 그 약속을 지킨 사람이다. 사회에는 다양한 사람, 다양한 세력들, 다양한 요구들이 있고 급한 요구들도 많다. 생각하기에 따라서 현실적으로 이런 거는 급하지 않을 수도 있다. 그렇기 때문에 정치인들이 약속을 꼭 지킬 거라고 믿는 사람들은 많지 않다. 그런데 시장이 되자마자 이 약속을 지켰기에 나는 그 사람이 참 약속을 귀하게 여기는 사람이라는 생각을 했다.

또 하나, 허 전 시장과 관련하여 민주주의의 전당에 얽힌 일화가 기억에 남아있다. 노무현 대통령이 당선되고 나서 여야가 합의해서 민주주의기념사업회법이 생겼다. 법이 생기고 중요한 사업 중 하나로 어마한 예산을 들여 민주주의 전당을 짓는 계획이 나왔다. 그런데 그게 다 서울 중심이었는데 광주에서 민주주의 전당을 우리도 짓자 는 제안을 했다. 광주는 광주대로 그렇게 요구할 만한 자기들의 역사적 자존심이 있기에 어찌 보면 당연한 일이었다. 뒤늦게 그 소문을 듣고 마산도 또 합류를 했다. 그 이후에 정권도 바뀌고 예산도 확보 제대로 안 되고 계획이 표류했다. 그 과정에서 이명박이 대통령 출마했을 때 광주에 가서 광주에 지어주겠다고 공약을 했는데 5년 동안 지켜지지 않았다.

이후 박근혜 대통령이 우리 마산에 와서 민주주의 전당을 마산에 세워준다고 약속을 했다. 그 때 환영의 목소리가 높았지만 우리 열린사회 희망연대는 부정적인 입장을 성명서를 통해 발표했다. 이미 이전 이명박 대통령의 광주 약속 불발 건도 있었기에 신뢰가 가지 않았다. 대통령 출마하는 사람마다 그 지역에 가서 비위 맞는 소리만 하고 실천 안 하니 그 말을 믿을 수 없다는 내용이었다. 물론 우리의 걱정이 기우가 되고 약속이 이루어졌다면 더없이 좋았을 것이다. 하지만 박대통령이 탄핵될 때까지 두 번 다시 거론되지 않았다. 그리고 우리 마산에서 박근혜 대통령에게 그 약속 안 지키느냐고 언급한 시민사회단체도 한 군데도 없었다. 만일에 마산 사람들이 평소에 민주주의의 고장으로서 가지고 있는 그 자부심, 자랑 이런 걸 생각한다면 다른 건 다른 약속은 몰라도 그거 하나는 따졌어야 한다고 생각한다.

이렇게 무산된 약속은 결국 허성무 전 시장이 지켰다. 허성무 시장이 출마할 때 공약으로 내세운 것 중에 하나가 마산의 민주주의 전당이 유치였다. 도지사와의 공동 공약으로 민주주의 전당 건립 약속을 했고 어김없이 지켜져서 지금 허 전 시장의 임기는 끝났지만 민주주의의 전당은 김주열열사 시신 인양지 부근에서 한창 건립 중이다. 민주주의의 전당이 완공되면 우리 창원의 민주 성지로서의 입지는 더욱 굳

건해질 것이고 시민들의 자긍심은 더욱 높아지리라 생각한다.

　선거 때마다 정치인들이 쏟아내는 공공과의 약속인 공약, 과연 이 약속은 얼마나 제대로 지켜지고 있는 것일까? 아무리 생각해도 높은 점수를 주기는 어렵다. 하지만 상황이 이러하기에 약속을 중요하게 여기고 지키려고 애쓰는 사람은 군계일학처럼 빛난다. 허성무, 그는 시민과의 약속을 소중히 여기고 꼭 지키려고 노력하는 드문 정치인이다.

그의 페이스메이커가 되리

김응상
전기공학박사,
재창원호남향우회

　창원은 인구 100만이 넘는 특례시이며 국내 최고의 한국전기연구원과 한국재료연구원, 국방기술품질원, 국방과학연구원 진해분원 등 국가 전문 연구기관이 소재하고 있다. 기계화 특화된 국가산업단지를 바탕으로 특히 국방에 관련되는 많은 제품을 만들어내는 특별한 지역이다. 상황이 이러하니 지역민들의 자긍심과 정치의식이 매우 높은 편이다. 이러한 지역 사회에서 인간 허성무처럼 본인은 다 내려놓고 지역민을 하늘같이 알고 떠받드는 그야말로 지역민의 민심을 얻은 이러한 지도자가 리더가 되어야만 우리 지역사회 창원을 국내 최고의 살기 좋은 도시로 만들 수 있다.
　허성무 전 시장은 대한민국 최고의 계획도시 인구 100만이 넘는 창원을 특례시로 승격시켰다. 하지만 보수의 거센 바람에 밀려 시장이 바뀐 뒤 창원의 사정은 날로 어려워지고 있다. 현재 세계적인 전쟁 등 어려움과 국가적인 경제 불황으로 우리나라 특유의 기계화도시 국방도시도 지역 경제에 큰 타격을 받았다. 사무실 및 상가는 빈곳이 나날이 증가하고 있으며 경제도 활기를 잃어가고 있다.

윤석열 정부는 역사상 유례없이 각 분야의 연구비마저도 약 30% 정도 삭감했다. 나는 전기공학 박사학위 취득 후 33년째 창원의 한국전기연구원에서 태양광 풍력 전력저장시스템 등 신재생에너지를 연구하고 있는 스마트배전연구센터장을 맡았었다. 그러기에 과학기술 분야연구비의 중요성을 누구보다 잘 알고 있다. 이정부의 묻지 마식 연구비 삭감은 국민들의 미래 먹거리를 빼앗는 일이다. 종자 기술이 없는데 무엇으로 국민들의 민생을 해결하겠는가. 더욱이 이러한 기조는 과학기술 집약도시인 창원에 더 큰 타격을 안기고 있다.

이러한 현실에서 우리 지역사회가 아주 어려운 상황에 처해있기에 더더욱 올바른 리더가 요구된다. 유능한 지도자 한 명이 지역사회의 발전에 얼마나 중요한 가는 역사의 사례를 통해 얼마든지 알 수 있다. 시민들에게 바로 이러한 지지를 얻는 허성무 전 시장 같은 분이 우리사회의 지도자로 나선다면 우선 지역민들의 민심에서부터 위로 받기 시작하여 더 나아가 경제까지 좋아지리라는 기대가 있다.

허성무 전 창원시장의 장점은 일일이 열거하기 힘들 정도로 많다.

1. 그는 창원에서 나고 자란 창원 토박이로 누구보다 창원에 대한 애정이 강하다.

2. 창원특례시를 만든 주역으로 지역을 확장시키고 이슈를 만드는 힘이 있다.
3. 2006년 노무현 대통령 비서실 민원제도혁신 비서관 출신으로 노무현 정신의 계승자이며 동시에 올바른 민주주의자이다.
4. 2011년 경상남도 정무부지사를 역임하며 행정의 전문가로서 자질을 익혀 도민과 시민을 바른 자세로 대한다.
5. 2018년 창원특례시장을 역임하며 창원시를 위해 수많은 일들을 했다.
6. 2018년부터 22년까지 지난 4년 창원시장으로 재임하면서 지구를 네바퀴 도는 거리를 운동화 신고 뛴 운동화 시장으로 유명하다. 그의 파란운동화가 닿는 곳마다 갈등이 풀리고 민원이 해소되었으며 새로운 창원의 청사진이 그려졌다.
7. 따라서 그는 영원히 흥하는 창원 건설의 주역이다.
8. 그는 '현장'과 '소통'을 강조하면서 지역민의 마음과 민심을 얻는 최고의 지도자로 정평이 높다. 비록 그를 지지하지 않은 시민이라 하더라도 그의 노력만은 인정하는 것은 바로 이런 소통의 행보에 기인한다.
9. 창원 시장직에서 물러난 이후에도 그는 창원시 더불어 민주당 창원 성산구 지역 위원장을 맡아 시장 시절의 약속을 지키고 시민의 삶을 고양시키고자 끊임없이 노력하고 있다.
10. 따라서 그야말로 '사람 중심 새로운 창원'의 핵심 주역으로 손색이 없다.

창원은 창원, 마산, 진해가 통합된 인구 100만의 특례시로 보수성이 아주 강한 지역이지만 허성무 전 창원시장은 창원시 역사상 첫 민주당 시장으로 당선된 후 재임기간 내내 잠바입고 운동화를 신고, 현장·소통·공감 시정을 펼쳐왔었다. 그 결과 짧은 기간 내에 명실공히 국내 최고의 지방도시를 만드는 데 크게 기여했다. 그는 우리사회에 찾아보기 힘든 지도자로 시민의 한사람으로서 우리 지역사회의 자랑스러운 지도자로 그를 적극 추천한다.

허성무 전 시장의 평소소신은 역지사지(易地思之)다. 늘 한발 물러서서 상대의 생각을 들으려고 애쓰며 혁신해야겠다는 결심이 서면 과감하게 밀어붙이는 결단력을 중시한다. 그는 침체된 지역경제를 되살리고, 미래성장 동력을 확보하기 위해 동분서주하며 창원 국가 산업단지 스마트산단 선정, 강소연구개발 특구지정, 국내 최초 수소에너지 순환시스템 조성 등에 힘써 왔다. 그가 역대 최대 규모의 국비 확보와 투자유치 등 굵직한 성과를 남긴 자랑스러운 시장이었음은 재론의 여지가 없다.

그가 다시 한 번 우리 시의 지도자가 되어서 시민들을 위해 힘껏 뛸 그날을 기대한다. 그날이 오면 나 역시 기꺼이 그의 페이스메이커로 함께 뛸 것이다.

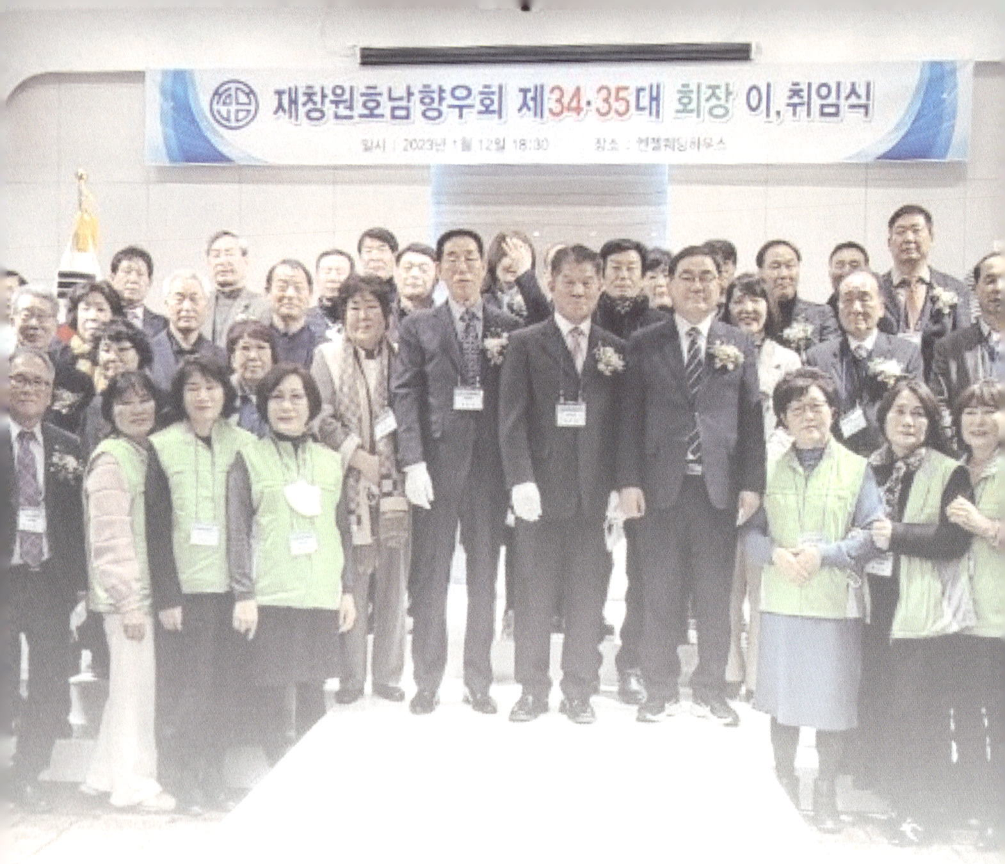
재창원호남향우회 제34·35대 회장 이,취임식
일시 : 2023년 1월 12일 18:30

재창원호남향우회 제34·35대 회장 이,취임식

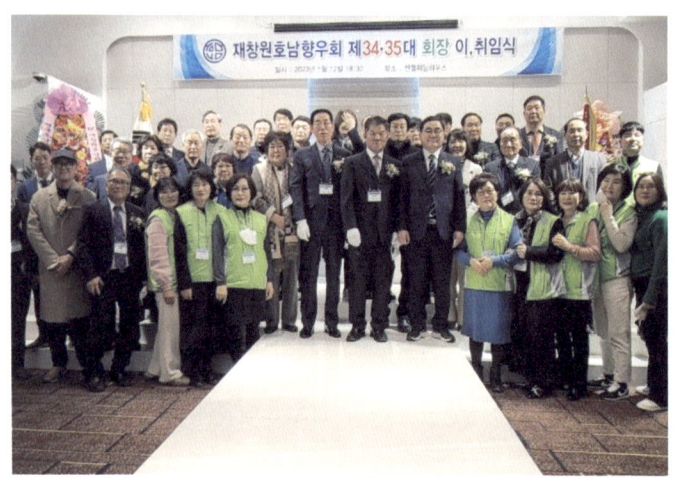

'사람 사는 세상'의 꿈

김의곤

인본(人本) 허성무!

늘 그는 사람에 주목한다. 사람을 찾고, 사람을 쓰고, 사람에게서 배우고 사람 속에서 사람들의 미래를 고민한다. 그에게 사람은 학교고, 대장간이고, 길이다. 운동화 시장, 시장 재임기 3년동안 그를 대표하는 수식어였다. 보행 거리만 4만km가 넘고 대중교통 등 이동 수단을 이용한 거리까지 합하면 무려 13만km가 넘는다는 그의 회고를 보며 찬탄해 마지않았던 기억이 새롭다. 멀고 긴 거리가 죄다 사람을 위해 쓰여진 노고의 기록이다. 그렇게 만나고 맺은 인연을 소중히 가꾸어 그가 이뤄낸 공동체의 가치들이 곳곳에서 빛을 내고 있을 것이다.

그의 저서 '그래도 사람, 36.5도'나 '잘피가 돌아왔다' 전반에는 그의 체화된 사람 중심사상이 골조처럼 자리 잡고 있다. 공직에 몸담고 있을 당시 그의 그런 일화들 말고 나는 그와의 인연 속에서 인상 깊은 몇 가지 일화들을 간직하고 있다. 그를 처음 알게 된 건 노무현 전 대통령과의 인연을 맺게 된 노사모 초창기로 거슬러 올라간다.당시 열성을 내어 노무현 띄우기에 앞서 움직이던 이들 중 한 사람이 그였다. 최초 온라인 정당을 표방했던 개혁 국민 정당 창당 준비위 모임에서 처음 그를 만났을 때의 첫인상은 매우 이지적이고 합리적이었다.

이견이 있을 때는 냉철하면서도 불같았지만 평소에는 늘 많이 말하기보다는 많이 들어주는 사람이었다. 그러면서 함께 나아갈 방향을 제시해주는 역할을 자임했다. 노사모 활동을 하면서 종종 그를 만났고 시간 지나면서 노사모 활동의 물적 토대 상당 부분을 그와 몇몇이 책임지고 있음도 알게 되었다. 그러다가 좀 더 가까이서 그와 함께하게 된 건 열린우리당 시절이다.

창당 초기의 지역당 조직을 정비하고 당의 노선을 안착시키기에 바쁜 시기였다. 그 과정에서도 그는 언제나 확고한 자기중심을 견지하며 역할을 다하는 사람이었다. 열린우리당 경남도당 청년위원회 건설 과정에 있었던 일이다. 청년위원장 선거에 운동 재정이 필요했는데, 그 역할을 내가 맡게 되었다. 방편을 고민고민하다 그에게 찾아가 부탁을 했다. 그때 그는 두 말도 하지 않고 필요한 선거재정을 흔쾌히 빌려주었다. 결국 갚지도 않은 빚이 되었지만 그 후로 한 번도 그런 내색을 겉으로 드러내지 않았으며 잊은 듯 편안했다.

뿐만아니라, 한 번 길이 트이고 나니 사정 있을 때마다 나는 그에게 도움을 청했다. 물론 내 개인적인 도움을 청한 일이 아니긴 했지만 부탁의 말이 쉽지는 않았다. 그럼에도 불구하고 대답은 언제나 한결같았다. 사이버대학에 진학하는 모 당원의 등록금을 대납해 주기도 했고 집안 송사에 거금이 필요한 이에게도 조건 없이 도움을 주기도 했다.

그 모든 일들이 무보상 보시가 되었음을 알고 있는 내게 그는 늘 고맙고 감사하기 짝이 없는 사람이다. 내 경험의 일부일 뿐 짐작하건대 내 모르는 또 그런 미담이 수도 없을 터이다. 사람을 챙기고 미래를 위해 사람에게 흔쾌히 투자하기를 마다하지 않는 그는 영락없는 인본주의자이다.

실용(實用) 허성무!

그는 현장주의자이다. 책상머리에서 관념으로는 아무것도 해결할 수 없다는 것을 아는 사람이다. 그의 저서 '잘피가 돌아왔다'는 그런 그의 실용적 철학을 잘 담고 있다. 그는 현재에 안주하기보다는 앞서 미래를 예비하려는 선지자다. 오늘이 과거의 어디에 닿아 있으며 미래의 어디를 향해 가야 할지를 언제나 고민하고 통찰하는 사람이다. 박정희의 공과에 대한 냉철하고도 소신 있는 평가는 그가 얼마나 온고지신하는 실용주의사인가를 잘 보여주었다.

지금의 수소 산업 특별시 창원과 재료연구원 독립승격 등의 성과는 그런 그의 실용적이고도 진취적인 철학이 만들어낸 성과다. 그 과정에서 그는 스스로 끊임없이 공부하고 멘토가 될만한 사람들을 만나 자문을 구함은 물론이고 끝내는 그 사람들까지도 더 큰 역할과

책임을 공유하는 동지로 만들어내고야 만다.

민원제도 비서관 시절의 일화들에서도 그의 실용주의에 뿌리박은 뚝심과 끈기는 고착하여 포기하지 않고 끝내 방안을 만들어내는 성과로 이어졌다. 그것이 공동체의 이익과 부합하고 다수의 요구에 상응하는 일이라면당장 길이 보이지 않는다고 허투루 밀쳐두거나 잊어버리지 않는다. 끊임없이 현실 제도와 여건을 살피고 분석하며 가능한 방편을 찾아 언젠가는 반드시 길을 만들어 내었던 일들은 감동을 넘어 꼭 따라 배우고 싶은 선연한 교훈으로 가슴 속에 남아 있다.

주어진 여건과 실정에 철저하게 기반하면서도 더 나은 한 걸음을 위해미래지향적이고 창의적인 노력을 멈추지 않는 실용적 진보주의는 다양한 대중의 요구와 제도가 상충하는 현대 사회에서 공적 책무를 다하려는 공인들에게 반드시 필요한 덕목이라 아니할 수 없다.

신의(信義) 허성무!

역사와 정의에 눈뜬 청년 학생의 시절부터 지금까지 그는 적어도 내가 알기로는 그 길에서 단 한 치도 비켜난 적이 없다. 86년 미문화원 점거 사건으로 변호사 노무현을 만나 정치입문 이후 진보의 진지에서 한눈 한 번 판 적 없는 의리파다. 노무현 전 대통령이 대통령이 되기까지 천당과 지옥을 오가는 수많은 부침의 시기에도 조용하고 깊은 강물처럼 함께 흘렀다. 그것은 "사람대접 받고싶거든 의리 있는 사람이 되십시오"라고 설파했던 노무현의 가르침을 불도장처럼 심장에 새겼기 때문이리라 짐작해 본다.

역시 개인적인 경험과 기억 속에서 잊을 수 없는 한 장면이 있다.

2010년 지방선거에 그는 민주당 창원시장 후보로 출마했었다, 당시 나는 국민참여당 민호영 시장 후보의 단일화 창구 역할을 했었고 민주노동당 문성현 후보 진영과 더불어 후보단일화를 논의했다. 언제나 같은 문제가 엄존하는 단일화 논의는 예외 없이 단일화 방식과 절차에 대한 복잡한 계산으로 별 진전 없이 제자리를 맴돌았다. 결국 단일화 협상단은 이런 식의 단일화는 진보 진영의 미래 단결에 득보다는 실이 많을 수밖에 없다는 데 공감하고 합의에 의한 단일화 방안을 결의했다. 상당한 진통을 수반하는 단일화 합의의 과정에서 무엇보다 절실했던 건 그의 결단이었다. 그도 그럴 것이 이미 2004년 한 차례 창원시장으로 출마하여 32% 이상의 득표로 고무적인 선거 결과를 보였던 그에게 합의 자체가 상당한 억울함이었을 것이다. 그런데도 그는 언제가 될지 모를 진보 진영의 단결이라는 미래를 위해 흔쾌하고도 호기롭게 대승적 결단을 해 주었다.

창원 세코에서 합의문을 직접 발표하던 그 날, 나는 호곡하듯 눈물을 흘렸다. 그때 흘린 눈물은 단일화의 기쁨이라기보다 그에 대한 미안함의 눈물이었다. 이후로도 나는 오랫동안 그에 대한 미안함과 고마움을 잊지 않고 있다. 그렇게 그는 결이 다른 동지들도 너그러이 품을 줄 알며 함께 할 날을 위해 존중과 배려를 잊지 않는 신의에 찬 사람이다. 지금도 변함없이 그런 지점에선 말을 아끼며 늘 정성을 다하는 그에게서 한없는 동지적 신뢰와 애정을 느끼고 있음은 두말 할 나위도 없다.

그가 청와대 비서관, 창원시장이란 공인의 자리에 있을 때 나는 전화번호를 지우지는 않았지만 그와 생면부지인 사람인 양 지냈다.

그도 그럴것이 공인이 되기 전에도 지역 행사나 기자회견장 아니면 특별히 연락하거나 만날 일도 없었거니와 공적인 일이 아니면 가능하면 그러지 않으리라 다짐하고 있던 바였다. 그런 내가 그의 시장 재직 시 꼭 한 번 전화를 넣은 적이 있다.

열린사회희망연대가 김주열 시신 인양지에 김주열 열사 동상을 세우고 3.15기념사업회의 반발에 부딪혀 제막식을 못 하고 있을 때였다. 3.15기념사업회에서 반발한 요지는 동상의 기단에 새긴 '4.11 민주항쟁'이란 명칭 때문인 것으로 알려져 있었다. 재정 지원 주체인 시장으로서도 그런 문제로 제막해야 할 동상이 한 달 넘게 가림막으로 동여매져 있는 상황이 불편하기 그지없었을 것이었다. 시장이 되자마자 가장 먼저 지역 독립운동가 발굴과 독립운동가 거리 배너 걸기를 통해 정체성을 각인시킨 바 있는 시장으로서는 난감하기 짝이 없는 일임이 분명했다. 시민의 한 사람으로 상황을 주시하고 있던 나는 주제넘게도 내 의견을 전하기 위해 어쩔 수 없이 전화를 넣었다. 누구나 할 수 있는 생각이었지만 그가 하루라도 빨리 난감함에서 놓여나기를 바라는 마음에서였다.

그때도 그는 통화 내내 지역 시민사회 진영의 화합과 연대를 염려하는 마음을 역력하게 드러내 보이며 매우 안타까워했다. 내 의견의 요지는 간단했다. 다 세워진 동상을 장기간 흉물스레두는 것도 여타 시민단체는 물론 시민들의 흉흉한 의구심을 더 깊게 만들 수 있으니 희망연대에 읍소를 해서라도 '4.11 민주항쟁' 명칭을 빼고라도 제막식을 하는 것이 가장 현명할 것 같다고 의견을 제시했다. 나의 졸견이 도움이 된 것인지는 모르나 어쨌든 며칠이 지나고 제막식 소식이 들려왔다. 앓던 이 뺀 것처럼 그도 개운했겠지만 나 또한 더없이 기뻤던 기억으로 남아 있다.

20년 전이나 지금이나 어쩌다 만나면 언제나 "의곤씨"하고 다정하게 불러주며 반가운 미소로 잡아주는 그의 따스한 손에서 나는 그의 진심을 받는다. 그는 무엇이 되고 싶은 사람이 아니라, 무언가를 하고 싶은 절실함이 있는 사람이다. 무언가를 제대로 하기 위해 무엇인가를 수단으로 삼으려는 사람. 나를 위해서가 아니라 모두를 위해서 그에겐 그것이 꼭 필요할 것이다. 노무현 대통령이 못다 이룬 '사람 사는 세상'의 꿈을 제도와 법률, 사회 시스템으로 꽃 피우고 싶은 그의 식지 않은 열망이 인본과 실용, 신의로 똘똘 뭉친 그에게 기회와 현실이 되기를 바라며 언제나 그를 지켜보고 응원하며 함께 할 것이다.

그가 임하는 길에 국민과 역사의 가호와 축복이 있기를!!

시민을 위해
더 잘 쓰이기를

윤은주
수필가,
경남문예총마산지부장

나는 성지여고를 1984년에 졸업했다. 어쩔 수 없이 늙어가는 현실을 인정해야 하는 나이지만 누구보다 빛나는 청춘의 시기를 보내온 민주화 세대이다. 지금은 꽤 많은 학교들이 생겼지만 당시 마산의 인문계 고등학교는 산복도로 밸트에 자리하고 있는 학교가 대부분이었다. 15번, 15번 버스가 미어터지게 학생들을 싣고 힘겹게 산복도로를 오르면 버스의 움직임에 따라 이리저리 쏠리며 학교 위치에 따라 힘겹게 승, 하차 하곤 했다.

성지여고와 제일여고 사이에 중앙고등학교가 자리하고 있는데 당시는 중앙고를 두고 두 학교가 은근히 신경전을 벌이곤 했던 생각이 난다. 한마디로 떡 줄 사람 생각도 않는데 김칫국부터 마시며 중앙고

학생들이 어느 학교를 더 좋아하는가 하는 시시콜콜한 관심이었다. 굳이 옛날이야기를 끄집어낸 것은 허성무 전 시장도 그 추억의 한 귀퉁이, 산복도로 버스에서 이리저리 쏠리며 함께 추억을 쌓아온 사람 중 한 사람이라는 동질감이 있기 때문이리라.

대학 시절 학생회 활동을 했고 늘 시민운동에 관심을 가져왔기에 허 전 시장은 꽤 이름으로 익숙한 사람이었다. 하지만 정작 직접 만나 제대로 인사를 했던 것은 2015년 무렵이었다. 당시 나는 '창원다문화어린이도서관 모두'의 운영실장으로 일했다. 도서관의 운영경비를 전적으로 지원해주던 STX그룹의 운영에 문제가 생기면서 덩달아 도서관도 어려워져서 폐관 위기에까지 몰렸다. 그 무렵 오랫동안 경남이주민노동복지센터에서 자원봉사자로 한국어를 가르치던 나에게 도서관 운영을 위해 함께 일하자는 제안을 했다. 당시 나는 독서와 글쓰기 강사로 매우 바쁘게 지내던 터였지만 다문화어린이도서관의 존재 이유가 너무 분명했기에 차마 거절할 수가 없었다. 주 3일 일하기로 하고 승낙하여 밤낮없이 도서관 살리기에 나섰다. 마라톤 대회장, 시민 사회단체 원탁회의장 등을 찾아다니며 매월 3천원, 5천원을 후원하는 소액 후원자를 모집했고 많은 호응도 얻었다.

허성무 전 시장은 당시 열린우리당 경남도당 위원장직을 맡고 있어 전화로 미리 사징을 이야기하고 찾아갔더니 사람 좋은 얼굴로 반갑게 맞아주고 그 자리에서 후원회원이 되어주었다. 그리고 당내 당직자와 관심 있는 사람들의 후원 약속도 해주어서 긴장하고 갔다가 흐뭇하게 돌아왔다. 가뜩이나 얄팍한 원외 위원장의 호주머니를 또 한 번 털었는데도 기꺼이 동참해 준 따뜻함에 마음 훈훈했다.

그렇게 인연이 되고 보니 가는 곳곳에서 허 전 시장과 마주쳤다. 있을 만한 자리에는 당연히 있었고 이런 곳까지 싶은 곳에도 시간이 되는 한 참석하여 자리를 함께 했고 구성원들의 이야기에 귀를 기울였다. 몇 년 전 성지여고 총동창회 송년 모임 자리리에 참석해서 고교 시절의 추억담으로 인사말을 대신하는 것을 보면서 소탈하고 소박한 면모를 다시 한 번 느꼈다. 참석하신 분들께 소개해 드리면서 '성무 오빠'라고 했더니 유쾌하게 웃었다.

　　허 전 시장의 해박함은 '김현정의 뉴스쇼' 고정 패널로 참석하면서 더욱 널리 알려졌다. 대한민국 최고의 입담이라 해도 부족하지 않을 만큼 달변으로 청취자들을 쥐락펴락했던 기억이 새롭다. 중앙 방송에서 거침없는 경상도 말로 논리적으로 상대방을 설득하는 모습은 당시 유행했던 '뇌섹남'으로 부르기에 부족함이 없었고 듣는 우리들에게는 같은 지역의 아는 사람이라는 이유만으로도 자긍심을 느끼게 했다. 가끔 텔레비전이나 라디오 토론에 임하는 사람들이 논리는 없고 목소리만 높은 경우가 있다. 상대를 논리적으로 설득시키지 못하고 무조건 윽박만 지르는 이들 속에서 그는 군계일학처럼 돋보였다, 목소리의 크기가 아니라 말의 무게로 상대를 제압할 줄 아는 보기드문 토론가가 그이다.

　　권력은 사람을 변하게 만든다고 한다. 하지만 시장에 당선된 이후의 행보에 대해서는 비록 지지하지 않는 사람이라 하더라도 그 부지런함과 친화력에 대해서는 누구나 인정할 만큼 소탈한 사람이 허성무였다. 시장에 당선된 뒤에도 전혀 위압적이지 않았고 오히려 더 밀착하여 시민들의 삶을 챙겼다. 그의 카리스마는 부드러움과 따뜻함에서 나왔고 시민들은 지금까지 경험하지 못한 새로운 시장의 모습이 낯설지만 좋아했다. 이 지역은 막대기에 보수당 이름만 써 놓아도 당선된다는 곳인데 이곳에서 진보 시장에 당선되어 시민들에게 이토록 사랑받을 수 있다는 것이 놀라울 정도였다.

하지만 사상 최소 표 차이의 대통령 선거 민주당 패배는 지방 선거에도 직격탄이 되었다. 선거의 바람은 보수 쪽으로 거세게 불었고 여지없이 시장 선거에도 영향을 미쳤다. 설마 하는 마음이 들기는 했지만 정작 개표 결과는 우리의 예상을 뛰어넘었다. 그렇게 일 잘하고 시민을 챙기는 시장의 능력보다는 지역감정, 진영의 논리가 사람들에게는 더 중요했던 것이다. 선거 결과를 보고 문득 브랙시트 투표 후의 영국이 떠올랐다. EU 탈퇴를 두고 행한 국민 투표에서 영국인들은 분위기에 휩쓸려 찬성표를 던지면서도 '설마…' 하는 마음이었다고 한다. 결과는 탈퇴 결정이었고 이후 영국민들의 혼란과 어려움은 널리 알려진 대로이다.

허 전 시장의 선거 결과를 두고도 여러 이야기들이 있었는데 가장 일반적인 이야기가 '참 아깝다.'는 것이었다. 생각 없이 진영의 논리대로 한 표를 행사하긴 했는데 이후에 벌어지는 여러 상황들은 시민들을 완전히 실망시키는 것들이었다. 후보 매수 의혹 등으로 지루한 재판이 어어지고 있으며 이로 인한 시정의 손실은 불가피해 보인다. 그 피해는 고스란히 시민의 몫이 아닌가 싶어 안타깝다. 이런 사태가 계속될수록 시민들의 마음속에 허성무, 그가 아깝다는 생각이 더욱 강해질 것이다.

우리들의 성무 오빠가 그 박식함과 따뜻함 카리스마를 잘 펼쳐서 창원시민들에게 더 든든한 언덕이 되는 날이 오기를 바란다. 시민들이 아껴 두지만 말고 아깝다고 생각하지만 말고 그를 더 잘 활용하게 되기를 진심으로 바란다.

우리들의 든든한 빽

정혜란
전 창원시 제2부시장

흔히 인사말로 '별 일 없으세요?' 하고 물어볼 때는 대부분 아무 탈 없이 잘 지내고 있냐는 뜻이 내포되어 있다. 별 일 없이 사는 것, 쉬운 듯 어려운 일이다. 요즘 같은 위험 사회에선 더더욱 그러하다. 어디 이게 혼자만의 노력으로 되는 일이던가. 안전한 사회시스템이 돌아가야 하고 이를 책임지는 행정수반의 신념과 철학, 능력과 노력, 이를 따르는 담당직원들의 협력들이 어우러져야 시민들이 '별 일'을 덜 겪게 될 뿐이다.

우리는 그동안 사회시스템의 방기나 오작동으로 인한 대형사고, 참사, 재해들을 겪으면서 이를 책임진 행정수반이 얼마나 중요한지를 거듭 확인해야 했다. 나는 지난 2021-2022년 2년여 남짓 창원시

제 2부시장으로 일하면서 창원시민들이 '별 일' 없도록 하기 위한 허성무 전시장의 리더십과 노력들이 얼마나 대단했는지를 보았기에 조금이나마 내부에서 본 그의 리더십 일면을 소개해 보고자 한다.

내가 창원시청에 제 2부시장 공모에 지원하고 선정이 되어 이른바 어공(?)으로 일하게 된 날은 2020년 2월 28일이었다. 허성무 시장이 창원 시장 출마를 하면서 내 건 공약 중 하나가 여성부시장 임용이었는데 이 약속을 지킨 것이다. 창원시 역사상 여성부시장은 처음이라고 했다. 당시 알아본 바에 의하면 서울시에 제 3부시장에 여성이 있었고 전국에 여성이 부시장으로 있는 사례는 거의 없었던 것 같다. 아무리 법적으로 성평등을 보장하고 있다고 하나 사회적 문화와 편견으로 실질적 성평등을 이뤄 나가기에는 아직까지 벽이 높은 현실이다. 더욱이 가부장적 권위주의가 팽배한 관료사회에서 그 벽을 허물고 시민운동가 출신인 여성부시장을 임용했다는 것은 허성무시장의 열린 마인드와 높은 젠더감수성에서 비롯된 결단이라 생각한다.

시민운동 출신도 처음이고, 여성도 처음이니 시청 안팎으로 많은 관심이 쏠렸고 그만큼 제2부시장으로서의 책무가 무거워졌다. 지시편달이 낯선 시민운동단체에서만 줄곧 일해 온 나로서 위계질서가 엄연한 공무원 조직에 난생 처음 들어가 '처음'이라는 시선과 관심 속에 적응하려니 긴장도 되고 무척이나 어색한 시간들도 마주해야 했다. 그러나 허성무시장의 시정철학이 '사람 중심 새로운 창원' 아닌가. 단지 화려한 경제적 성과물에 그 값을 매기기보다 열심히 살아가는 사람에게서 희망을 보고 사람의 가치가 존중받는 도시로 만들겠다는 의지가 반영된 슬로건이었다. 능력 있는 소수가 아닌 평범한 다수의 연대와 협력으로 긍정적 변화와 혁신을 만드는 일에 더 비중을 두는 시장의 신념과 철학이 긴장감을 허물어주는 나의 '빽'이 되었다.

나 역시 허성무시장의 신념과 철학에 전적으로 공감하고 동의하면서 이를 시정에 반영하고자 먼저 공무원 조직 속에서 반권위주의, 수평적 관계 맺기, 존중과 협력의 문화를 만들기 위한 노력을 하였다. 사실 그간 시민단체에서만 일해 온 나로서는 가장 자연스런 관계 맺기였기도 했지만 공무원 조직 안에서의 상하관계에 전혀 익숙하지 않다보니 내심 긴장도 많이 했다. 그러나 직원들이 전해주는 허성무 시장의 반권위적 모습, 존중과 협력의 관계에서 오는 감동들을 들으면서 이 또한 '빽'이 되어 재임기간 한결 수월하게 일을 할 수 있었던 것 같다.

가장 기억에 남는 이야기는 직원들이 시장으로부터 존중을 받는다는 사실이었다. 직원들에게 지위와 나이에 상관없이 늘 존댓말을 썼다는 점, 시장실에 보고하러 갈 때 자연스럽게 과장만이 아니라 계장도 동반하여 들어갈 수 있었다는 점, 그리고 과장과 계장들에게 교차 질문을 하면서 업무를 세밀하게 파악하고 보고내용을 경청을 한다는 점 등이다. 특히 경성과 관련해서는 허성무 시장을 따라올 사람이 없을 듯하다. 당시 어느 국장이 허성무시장의 인상 깊었던 점을 '우리 이야기를 잘 들어주신다.'는 말로 정리를 했다. 리더가 해야 할 당연한 행동이자 태도인데도 직원들이 이에 감동받고 특별하게 기억을 하고 있다는 것은 어쩌면 그동안 공무원들이 존중받고 싶은 마음이 매우 강했던 건 아닐까 하는 짐작을 해 본다.

앞서 허시장의 신념과 철학이 나의 '빽'이 되었다고 했는데 다른 예로 어느 직원의 허시장 '빽' 이야기를 빠트릴 수가 없다. 시민과 함께, 시민을 위해서라고 하지만 갈등 상황이나 대립 상황 속에서는 누구 편을 쉽게 들 수가 없다. 이럴 때 균형 감각을 유지하는 가는 것이 선출직 공무원으로서는 매우 중요하다. 당장은 어느 한편의 당사자에게 유·불리하더라도 상대적으로 약자인 시민들에게 관심을 기울이고 피해를 줄이기 위한 정책을 세우고 실현시키려는 노력을 해야 한다. 하지만 이는 시장 혼자 할 수 없는 노릇이고 담당 공무원들의 협조가 필수적이다. 실제 첨예한 갈등 상황 속에서 선출직 공무원에게 예민할 수 있는 문제들을 시장의 신념과 철학, 그리고 이를 따르며 열심히 일하는 공무원에 대한 시장의 믿음이 '빽'이 돼서 문제들을 과감하게 처리할 수 있었다는 어느 직원의 말이 생각난다.

리더가 구성원들에게 보내는 신뢰도 중요하지만 구성원들이 리더에게 가지는 신뢰감도 매우 중요하다. 특히 리더의 언행은 자연스럽게 조직구성원들에게 파급력을 가진다. 운동화 신고 발로 뛰는 시장, 정말 열심히 일하는 시장의 모습은 예리한 관찰력과 많은 정보력을 동반하며 시청 직원들뿐만이 아니라 시장을 만나는 많은 사람들에게 높은 신뢰감을 형성하기도 했다. 쉬는 날 없이 워낙 창원시 구석구석을 많이 다니다보니 모르는 곳이 없었으며 심지어 창원시 곳곳에 있는 집성촌마다 그 동네 족보를 꿰고 있을 정도로 창원시 전반을 세밀하게 파악하고 있었다. 이에 대해 혹자는 창원시장에 당선까지 총 4번에 걸쳐 출마하다보니 창원 전반에 걸쳐 자연스레 알게 된 게 아니겠느냐고 하지만 허성무가 파악하고 꿰고 있던 부분들은 시민들에 대한 애정과 관심 없이 단순 관찰로는 알기 힘든 부분들이었고 예사롭지 않은 관찰과 여기서 얻은 정보들은 재임기간동안 시민들을 위해 유용하고도 신속한 판단을 할 수 있는 기틀이 되었을 것이다. 또한 많은 직원들을 긴장하게 만드는 비상한 기억력도 원래 타고난 부분도 있을 터이나 말이나 글로 전해 듣는 것 보다 직접 보고 느낀 것들이 오래 기억에 남는 법, 늘 시민을 중심에 두면서 직접 가서 보고 느낀 것들이 많다보니 뇌의 기억저장소에서 잘 탑재되어 있다가 적재적소에서 유용하게 작동을 하는 게 아니었을까 생각해 본다. 이렇게 운동화 신고 열심히 일하는 시장으로 인해 많은 직원들의 신발도 운동화로 바뀌었고 한편으로는 국장, 과장들을 3D업종으로 바꾸어 놓기도 했다.

　운동화 신고 다닌 곳이 어디 창원 만이었을까? 중앙정부의 협조 없이 지자체가 굴러갈 수 없는 사정이니 세종시, 서울시 등 중앙정부의 협조를 얻을 일이면 피곤함을 마다 않고 오가면서 창원특례시까지 이끌어 내고 복지혜택 대상을 중소도시 기준에서 대도시 수준으로 상향조정할 수 있게 만들어 낸 일은 그냥 저절로 된 게 아니라는 것을 창원시민들이 꼭 알아주면 좋겠다.

　마지막으로 허성무의 매력 포인트 눈웃음을 꼽지 않을 수가 없다. 허성무를 만나 본 사람은 다 알겠지만 이 눈웃음은 가식적, 인위적으로 절대 지을 수 없는 기본적으로 가지고 있는 사람에 대한 따뜻한 시선에서 나오기 때문에 같이 일하는 많은 사람들에게 믿음과 연대의 힘을 불어넣어 주는 강력한 흡입력을 가진다. 세상 사람 좋아

보이는 둥글둥글한 얼굴에 따뜻한 눈웃음은 친근하고 관용적인 리더의 모습으로 많은 직원들에게 더욱 가까이 다가가기도 했다. 하지만 여기에 결코 놓칠 수 없는 것이 있으니 해맑은 눈웃음 뒤에는 일에 대한 예리하고도 엄격한 잣대가 숨어있어 자칫 눈웃음에 속아(?) 업무를 대충 했다가는 엄중하고 매서운 질타가 이어진다는 허시장의 무서운 모습을 이야기하는 직원의 말이 떠오른다.

사람에게는 기본적으로 따뜻함을 견지하면서 일을 함에 있어서는 진정성을 바탕으로 한 엄격한 잣대와 강력한 추진력을 가진 허성무, 늘 주위 사람들의 말에 귀를 기울이고 함께 조화를 이루며 연대와 공존의 사회를 만들어 나가고자 실천해온 허성무는 진정으로 민주주의 가치를 맛보게 가교 역할을 할 수 있는 우리에게 정말 필요한 리더로서의 역할을 맡기기에 모자람이 없을 것이다.

우리 창원시민들이 이토록 따뜻한 리더십을 가진 허성무전 시장을 잘 활용하면 우리들의 든든한 빽이 되어줄 것을 의심하지 않는다. 이 빽이 안전하고 존중받는 시민들의 힘이 되어줄 것이다. 별일 없는 삶, 여일하고 평안한 삶은 바로 이런 것이다.

믿을 수 있는 경력직을 뽑읍시다.

천현우
청년공 출신, 쇳밥일지 작가

제 고향은 마산입니다. 창원으로 통합한 지 13년이 지났지만 여전히 마산 출신임을 강조합니다. 제게 창원은 '어쩔 수 없이 공부하고 돈 벌러 가는 곳'이었습니다. 103번 버스를 타고 대학이나 직장에 도착하면 늘 벗어나고픈 생각뿐. 도무지 정을 붙일 수 있는 도시가 아니었어요. 아, 창원이 싫다는 얘기는 아닙니다. 창원이 없었다면 제가 고향에서 발붙이고 살 수 없었을 겁니다. 한국 폴리텍 7대학이란 학비 싸고 교육도 우수한 학교에서 공부할 기회도 없었을 테고, 산업기능요원으로 월급 받아가면서 군복무를 마칠 수 없었을 터이며, 제 12년간의 노동을 기록한 책 <쇳밥일지>가 나올 수도 없었겠지요. 미우나 고우나 저를 성장시킨 장소이기에 부디 융성하길 기원하는 도시입니다.

다만 제 바람과 달리 창원 상황은 빈말로라도 좋다고 말하기 어렵습니다. 사실 인구 100만 특례시가 위기라고 말해야 하는 현실이 참 기묘합니다만, 어찌하겠습니다. 수도권에 자원을 몽땅 다 몰아준 나라의 필연이겠지요. 성산구 역시 창원시에서 가장 부유한 도시임에도 지역소멸의 먹구름을 피할 수 없습니다. 지역의 미래인 청년들이 떠나고 있기 때문입니다. 저는 2년 반 정도 성산구의 대공장을 전전하며 일해 왔는데요. 창원 대공장은 이제 정규직을 뽑지 않습니다. 그뿐이면 차라리 다행이겠습니다만. 비정규직과 하청한테 무척 가혹합니다. 그나마도 대공장에서 벗어나면 아주 위험하고 과로가 일상인 현장뿐입니다. 공장에 간 청년들이 어떤 삶을 원하겠습니까. 비록 지금 당장은 힘들더라도 5년, 10년 뒤엔 내 기술로 안정적이고 적당한 수입이 있는 삶을 살고 싶지 않겠습니까. 아무리 오래 일해도 월 200만 원, 낮밤 바꿔가면서 52시간 꼭꼭 채워야만 300만 원을 벌수 있는 삶에서 벗어날 수 없다면, 창원에 머물 이유가 없습니다. 공장뿐만 아니라 대부분 직장 상황이 이렇습니다. 2023년 전국 17개 시도 중 청년 유출 1위가 경남이고, 그 중 창원에서 가장 많은 인원이 유출*된 건 단순 우연이 아닙니다.

말하고 나니 참 씁쓸하네요. 이를 어쩌면 좋을까요. 사실 청년을 돌아오게 할 방법은 정해져 있습니다. 좋은 일자리를 많이 유치하는

---

* https://www.knnews.co.kr/news/articleView.php?idxno=1403427

거죠. 그럼 어떻게 해야 좋은 일자리가 창원으로 올까요. 정치인이 지역에서 창업을 유도하고, 자본가들과 협상해 큼직한 시설을 유치해야겠죠. 곧 구민들 모두가 지역 대표 정치인을 선출할 수 있는 이벤트가 찾아옵니다. 총선 말이죠. 물론 정치인 한 명 잘 뽑아서 문제가 몽땅 해결되진 않습니다. 다만 누굴 뽑느냐에 따라 창원이 더 나아질 수도 있고, 아주 나빠질 수도 있습니다. 투표 잘못했다가 최악의 경우엔 창원시가 빚더미에 깔리고 사람들이 다 떠나버릴 수도 있죠. 결국 믿을만한 사람을 뽑아야 한다는 결론에 도달합니다.

마침 성산구에 18년 동안 창원 한 곳만 바라 본 정치인이 몸을 풀고 있습니다. 오랜 시간 낙선과 양보로 바느질한 카페트 위를 걸어온 분입니다. 14년 동안 진보정치를 위해 양보하고, 때론 창원시민의 선택을 받지 못했습니다. 험지에 출마한 정치인의 숙명이라지만 너무 가혹한 여정을 해왔죠. 그러다 드디어 진보정당 최초의 창원시장이 되었지만 연임을 못했습니다. 이쯤 되면 정치를 접거나 다른 지역으로 망명을 떠날 법도 합니다만. 그리하지 않았다는 즉, 창원을 진심으로 사랑하는 분이라고 봐도 되겠죠.

최근 허성무 前 창원시장님을 만나 뵈었습니다. 진중하고 소탈한 분이더군요. 한 시간 동안 중앙 정치 얘기는 거의 안 하고 창원 구석구석 돌아가는 이야기를 더 많이 나누었습니다. 많은 부분이 인상 깊었습니다만. 특히 균형 잡힌 시선이 기억에 남습니다. 신산업의 필요성을 인정하면서도 노란봉투법이 절실한 노동자의 심정도 충분히 이해하고 계시더군요. 무엇보다 이 분, 공무원 생활보다 야인으로 시민들과 부대껴 온 시간이 더 깁니다. 모든 정치인이 다 그렇진 않겠습니다만. 대체로 권력과 가까울수록 점차 민의와 멀어지기 일쑤입니다. 그런 점에서 16년 동안 시민과 같은 눈높이에서 창원을 누벼온 이 분이야말로 가장 신뢰할 수 있는 후보가 아닐까 싶습니다. 창원 성산구민 여러분, 이참에 믿음직한 경력직 한 번 채용해서 일 시켜보는 게 어떨까요. 이미 창원시장 시절부터 일 잘하는 걸로 유명했던 분입니다. 검증 끝난 경력직을 놓치지 맙시다!

허성무를 말하다

허환구
수필가, 전 창원시설공단 이사장

 사람에 대해 말하는 것은 어려운 일이다. 자칫 주관적인 평가에 그칠 수 있고 또 나의 시각을 타인에게 강요하는 결과를 낳을 수도 있기에 타인에 대한 평가는 신중할 수 밖에 없다. 그럼에도 나는 허성무에 대해 할 말이 많다. 좀 더 많은 사람들이 그의 다양한 면모를 알고 제대로 이해하기를 진심으로 바라기 때문이다.

 그는 입보다 귀가 큰 정치인이다. 눈만 뜨면 만나는 사람이 정치인이다. 정치가 아니면 뉴스가 없는 대한민국. 여야의 극한 대립으로 사람들은 정치 혐오의 시대에 직면하고 있다고 해도 과언이 아니다. 지역색이라는 고질병을 안고 치유 불가능한 보수와 진보의 맹목적 지지 세력들로 고착되었다. 이성은 없고 감정만 꿈틀거리는 현실에는 처방 약이 없다는 것은 삼척동자도 다 아는 사실이다.

　보수 칼라인 적색 지대에서 파란색의 진보 출신 허성무 시장이 당선된 것은 박근혜 탄핵으로 촛불이 탄생시킨 문재인 정권의 세찬 바람이 작용한 것은 부인할 수 없다. 사실 보수 성향의 나는 허성무라는 개인에 대해서는 별로 관심이 없었다. 모임 등에서 자연스럽게 허성무 후보를 만나 보니, 한마디로 표현하자면 입보다는 귀가 크다는 사실에 자못 놀라웠다. 물론 이전에도 방송 패널로서 해박한 지식과 예리한 분석력, 압도적인 설득력, 미래지향적인 비전 제시 등, 보수 진보를 아우르는 폭넓은 식견에 매료된 적은 있었다. 하지만 이렇듯 경청하는 자세에 역시나 하고 통이 큰 정치인으로서의 자질에 의심할 바가 아니라는 사실을 확인했다.

　그는 토론으로 정책의 방향을 결정하는 사람이다. 이것은 당연한 듯 보이지만 사실 우리나라의 정치인들에게 가장 취약한 부분이기도 하다. 선거 운동 기간에 참모들과 난상토론을 하고 궁금한 부분은 과감하게 전문가의 의견을 듣고, 자신의 의견을 피력하는 모습을 통해 쌍방식 리더로 자질을 발견하고 새로운 정치문화에 대한 희망을 품을 수 있었다.

　시장 재임 중에도 문제에 직면하면 전문가뿐만 아니라 실무관계자, 이해 당사들까지도 침여시켜 다각적인 의견 수렴과 소통으로 갈등을 해결하는 과감한 행정력을 보여주었다. 또한 공무원들은 지위 고하를 막론하고 평등하게 대했다. 실무자들을 인격적으로 상대하면서 허심탄회한 의견을 수렴했다.

　보수 풍토의 행정문화에 진보 시장과의 호흡에 의구심을 많이 가졌던 것도 사실이었다. 하지만 시장은 일거수일투족이 시민 중심, 직원 존중의 한 차원 높은 적극 행정을 진두지휘해 나갔다.

중앙 정책과 창원 시정이 배치되는 부분에는 결단코 시민의 편에서 당당하게 주장하는 배짱 있는 결단에 시민들은 박수를 보냈고, 크게 공감을 했다. 원전 산업의 축소로 창원 경제는 큰 타격을 입을 위기에 처했다. 그러자 시장은 시민을 위한, 시민의 미래를 위해 결단코 반대의견을 제시한 바 있다. 비록 당이나 국정의 기조라 해도 그것을 무비판적으로 수용하기보다는 철저히 시민들의 관점에서 먼저 따져보고 과감한 반대의 목소리를 낼 수 있는 사람이 허성무였다.

그는 창원특례시를 탄생시킨 장본인이다. 창원이 통합되지 않았다면, 김해에 밀려 수부 도시의 자존심에 큰 상처를 입었을 것이다. 그는 시민들과 함께 광역시에 준하는 특례시 지위를 기어이 법적으로 끌어내는 데 성공했다 재정 규모의 대폭 확충으로 지역별 특화 정책을 매머드 개발할 수 있는 잠재력을 키우게 된 것이다. 해양신도시, 진해신항 배후도시, 창원의 원전, 방산기업의 첨단화, 관광 창원의 인프라 구축, 마산만 청정 수역 등 획기적인 정책을 추진하고 창원을 대한민국의 대표 도시 중 하나로 키워낸 사람, 그래서 그는 창원 사랑이 각별한 사람이다.

시민들은 그를 운동화 시장이라는 애칭으로 대하면서 적극적인 지지와 찬사를 보냈다. 하지만 막상 선거 결과는 낙선이었다. 그의 재임 기간 동안 괄목할 만한 성과가 확연했음에도 불구하고 거센 보수의 바람 앞에 다스의 시민이 무조건 보수후보를 선택하는 우를 범한 것이다. 어느 날, 어디서 뚝 떨어진 정체불명의 후보에게 표를 몰아준 것이다.

아쉬운 것은 대부분의 시민이 허성무의 가능성과 능력을 알고 있으면서도 여전히 지역색에서 벗어나지 못하고 있다는 사실이다. 보수의 난맥상은 백일하에 드러나고 있다. 한계에 봉착한 세력들의 판도는 불보듯 그림이 그려진다. 그렇지만 호기를 잡은 진보 역시, 내부 갈등과 사법 리스크의 암초가 제거되지 않는다면 낙관할 수 없는 비극을 맞게 될 것이다. 허성무 후보가 성산구 국회의원으로 입성하면, 나라를 위한 진보의 큰 인물이 될 수 있는 필요충분 조건을 갖추고 있다고 확신한다. 다만, 보수를 상대로 하는 진보 세력들의 각자도생이 큰 난관이다. 전황이 불리하다. 타협과 협상으로 최적의 방안이 도출되면 좋겠다는 생각이 든다.

정치는 권모술수의 산물이다. 초지일관, 합종연횡, 권토중래, 절치부심, 와신상담, 연목구어, 음참마속 등등 변화무쌍한 상황에 도구로 쓰이는 고전이다. 제갈공명같은 책사도, 관우나 장비도 필요하고 조자룡같은 신출귀몰한 충신도 필요하다. 주변 인물을 잘 컨트롤하는 리더십이 강조되는 시기가 아닌가 싶다.

오랜 현장 정치와 제도권에서의 노하우를 십분 발휘하여 인향만리의 훈훈한 인심으로 주변 인물들을 살핀다면 거대한 밀물이 밀려올 것으로 믿어 의심치 않는다.

파란운동화의 꿈

발행일 2024년 1월 6일

지은이 허성무
편집 정부권
디자인 노보영

펴낸곳 (주)낭만공작소
출판등록 2021년 6월 15일 제567-2021-000038
주소 51404 경상남도 창원시 성산구 창원대로 524, 경남사회적경제혁신타운
      본관동 5층 506호
이메일 nm_book@naver.com
인스타그램 @nmbook0613
전화 055-719-0613   **팩스** 070-8233-0613

ISBN 979-11-985156-1-2